日本経済入門

野口悠紀雄

講談社現代新書

2416

はじめに

本書は日本経済についての入門解説書です。

本書の目的は、日本経済の現状について説明することです。しかし、単なる解説にとどまらず、現状の認識の上に立って、どこにどのような問題があるかを明らかにし、それらの問題をどのように解決すべきかを論じようとしています。

本書は、次のような方々を読者として想定しています。

経済について体系的に学び直したい実務家の方々。これまで経済を体系的に勉強しなかったが経済問題を理解する必要がある方々。新入社員の皆さん。就職活動や資格試験に臨もうとしている人たち。初めて経済学を学ぶ大学生や、高校生の皆さん。

経済学の知識がまったくない方でも簡単に読めるように、専門用語をできるだけ用いず、日常の言葉で解説するよう努めています。

経済を理解するには、データを見ることが不可欠です。それにもかかわらず、経済に関する多くの議論が、データを見ずに行なわれています。本書では、日本経済の実態や問題点を明らかにするため、抽象論にとどまることなく、最新のデータを用いて具体的に説明しています。

本書には索引があります。書籍（とりわけ、解説書）は、必ずしも最初から順に読むものではありません。索引を利用すれば、知りたいことを重点的に読むことができるでしょう。また、新聞記事などを読んでいて分からない事項がでてきたら、本書の索引から関連個所を探して読むという利用法もできます。

日本経済が抱える問題とは何か

ここで、従来の日本経済入門書と本書との違いについて述べたいと思います。

従来の入門書の多くは、日本経済を構成するさまざまな部門について、その制度と現状の概要を、あまり強い問題意識はなしに、平板に説明しています。

また、説明のもととなっている考え方は、多くの人が受け入れている常識的な理解、つまり、多数派の見解です。意見が異なること、評価が分かれていることなどについて、どちらが正しいかという判定を下すことは、あまりありません。

それに対して、本書は、「強い問題意識を持って重要なことを重点的に説明する」という方法をとっています。

本書が問題と考える事実とは何でしょうか？　それは、1990年代の中頃をピークとして、賃金をはじめとする日本経済のさまざまな経済指標が、減少・低下傾向を示していることです。そうなっているのは、日本経済がさまざまの困難な問題を抱えながら、それを解決できずにいるからです。

この背景には2つの大きな問題があります。

第1は、新興国の工業化や情報技術の進展といった世界経済の大きな構造変化に、日本の産業構造が対応できていないことです。この問題は、第2章、第3章で議論します。

第2は、人口構造が高齢化しつつあるにもかかわらず、社会保障制度をはじめとする公的な制度が、それに対応していないことです。この問題については、第7章から第10章で議論します。

日本経済が正しく理解されていない

時々刻々と変化する経済の事象は、テレビや新聞で報道されます。しかし、それらの報道は、必ずしも正しい理解に基づいてなされているわけではありません。

第1に、現状が正しく認識されていない場合があります。また、古い先入観や固定観念から脱却できていないことがしばしばあります。世界経済は1980年代からは大きく変化したにもかかわらず、いまだに80年代の日本経済の姿にこだわり、製造業中心の経済成長と輸出立国を再現したいと考える人が多いのです。

第2に、経済の仕組みが正確に理解されていない場合があります。

たとえば、物価の下落は悪いことであり、物価を上昇させれば経済が良くなるという考えがあります。しかし、第5章で説明するように、この考えは誤りです。

金融政策のメカニズムは、ほとんど理解されていません。２０１３年から始まった金融緩和政策について、「お金がジャブジャブに市場に供給された」という説明がごく普通に見られるのですが、第6章で説明しているように、これは事実ではありません。

有効求人倍率の上昇が労働市場の改善と見なされることが多いのですが、これは正しくありません。また、「企業は内部留保を貯めこむのでなく、賃金を引き上げるべきだ」と言われることがありますが、これは、企業行動に関する基本的な誤解に基づいた意見です。これらは、第3章で説明されています。

最も深刻なのは、日本経済が抱える問題の本質と、解決の基本方向について、誤った考えを持つ人が多いことです。

日本経済が抱える問題を解決するには、経済の生産性を向上させる必要があります。しかし、日本では、この数年間、金融緩和政策に大きな関心が集まりました。そして、それによって日本経済の問題が解決されるような錯覚に、多くの人が陥ったのです。その結果、解決すべき問題に手がつけられることがなく、時間が経過しました。

しかし、第6章で見るように、結局のところ、金融緩和政策は、株価を一時的に上昇させただけで、実体経済を活性化することはありませんでした。日本経済が抱える問題は、金融緩和で解決できるものでないことが明らかになったのです。

日本は貴重な時間を無駄にしているのです。しかし、今からでも遅くはありません。日本経済の発展のためになすべきことはたくさんあります。それを明らかにするのが、本書の目的です。

本書の構成

本書は、つぎのように構成されています。

第1章では、GDP（国内総生産）について説明します。GDPは、経済を定量的かつ体系的に把握するための基本的な手段です。ところが、GDPは、抽象的な概念であるために、必ずしも正しく理解されているわけではありません。そこで第1章では、GDPの基本的な事柄について説明します。

第2章から第4章では、GDPのデータ、およびその他のデータを用いて、日本経済を産業構造、就業構造、そして所得分配の面から見ます。これによって、高度成長期以降の日本経済がどのように変化したか、現在の日本の経済がどうなっているかをとらえることができます。ここで強調したいのは、日本経済の構造が、世界経済の大きな変化に対応していないということです。

第5章と第6章では、物価と金融政策の問題について論じます。長期的に見れば、物価の下落は中国などの新興国の工業化と、新しい情報技術の進展によってもたらされたものであることを説明します。

物価上昇率（あるいは、その予測値）を高めれば日本経済が活性化されると、しばしば主張されます。そして、金融緩和政策は物価の上昇を目的としました。しかし、その目的が達成できなかっただけでなく、実体経済に影響を与えることもできませんでした。それは、「物価が上昇すれば経済が活性化する」という考えが間違いだからです。

第7章では、日本の将来に重大な影響を与える人口高齢化の問題を論じます。そしてこれが社会保障にいかなる影響を与えるかを、医療・介護について第8章で、公的年金について第9章で、そして財政について第10章で論じます。

これらの議論を踏まえて、日本が将来に向けて成長を続けるためには何が必要かを、第11章で考えることにします。

テレビや新聞で報道される考え方によって、あるいは政府や日本銀行の政策が根拠としている考え方によって、日本経済が改善されるとは、とても考えられません。問題の解決のための第一歩は、日本経済についての正しい理解を持つことです。本書がそのために寄与できることを望んでいます。

本書の刊行にあたっては、企画の段階から講談社学芸部の髙月順一氏にお世話になりました。ここに御礼申し上げます。

２０１７年１月

野口悠紀雄

目　次

経済データリンク集について

経済データの場合、キーワード検索で必ずしも適切なサイトが開かれるわけではありません。そこで、経済分析に便利なデータがどこにあるかを示す「経済データリンク集」を、私のホームページに作成しました。ここを開けば、目的のサイトに簡単にジャンプすることができます。このサイトのＵＲＬ「http://office.noguchi.co.jp/経済データリンク集」を是非ブックマークして、利用してください。

なお、経済データサイトによっては、メニュー方式を取っており、望むデータを表示させる方法が直ちには分からない場合もあります。右のリンク集では、私自身の経験に基づいて、これらの利用法についても説明してあります。

第1章

経済活動をどんな指標でとらえるか

国内総生産(GDP)で日本経済を分析する

経済の規模や状態を把握するために、GDP（国内総生産）という概念が使われます。この章では、GDPの概念を説明し、それによって何を知ることができるかを述べます。

GDP成長率の推移、その国際比較、1人当たりGDPの国際比較などから、日本経済の動向が思わしくないことが窺えます。

◇◇◇◇◇◇◇◇◇◇◇◇◇◇◇◇◇◇

経済活動水準を付加価値の合計で測る

経済全体の活動水準を測るのに、どのような指標を用いればよいでしょうか？

第1に考えられるのは、さまざまな企業の売上高を合計することです。つまり、一定期間で販売された生産物やサービスの価値を合計したものを見ることです。

しかし、これは適切な指標とは言えません。なぜなら、ある企業の売り上げは他の企業に購入されて原材料になっていることが多く、それらすべてを合計すれば、重複計算となってしまうからです。

そして、重複の度合いは、企業内でどのような経済活動が行なわれ、市場を通じてどのような活動が行なわれるかによって変わります。

そこで、生み出された経済価値を測定するため、原材料購入などを控除した額を用いる

図表 1-1　付加価値の合計が GDP

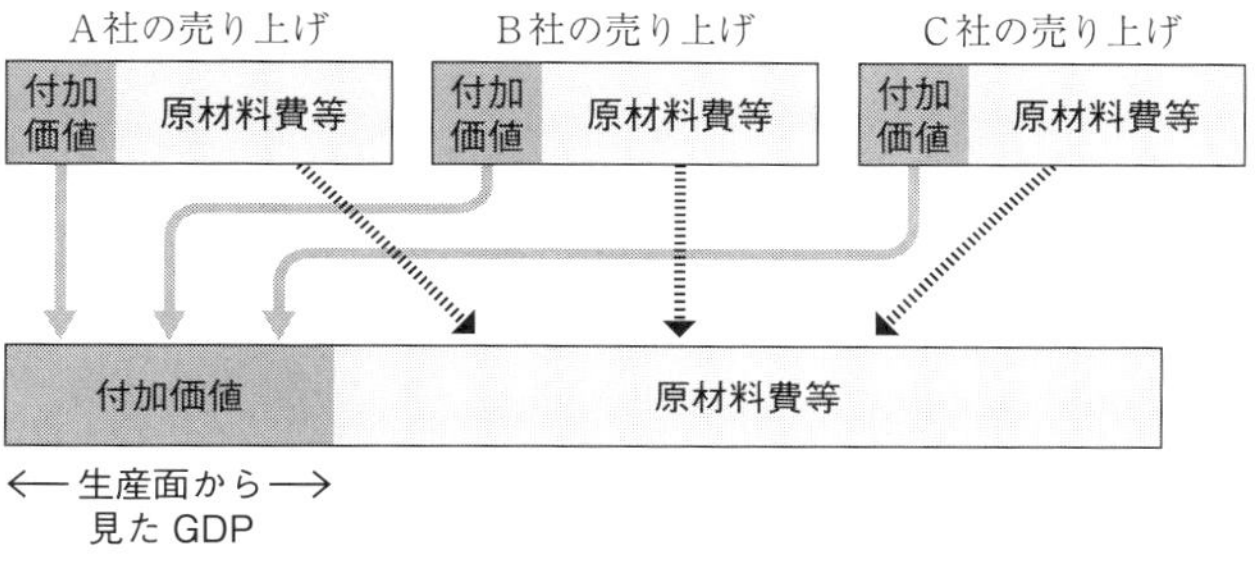

こととします（図表1－1参照）。これが、「付加価値」と呼ばれるものです。企業ごとに付加価値を計算することができます。

そして、付加価値を合計したものを、国全体の経済活動を把握する指標として用いることにします。これがGDP（Gross Domestic Product：国内総生産）です。

以上で定義したGDPは、生産活動の面から経済活動を捉えたもので、「生産面から見たGDP」と呼ばれます。

経済活動とは、財やサービスが生産され、それらが分配され、そして生産された財やサービスが購入される過程に他なりません。この活動が各分野でどのようになされているでしょうか？　また、それは新しい技術や世界情勢の変化に対応したものになっているでしょうか？　さらに、それを政府の経済政策や中央銀行の金融政策によって望ましい方向に向けることができるでしょうか？

GDPという指標を用いることによって、これらを定量的かつ体系的に把握することが可能になります。

第2章では、生産面から見た各部門別のGDPを見、それを就業者の動向等と比較して日本の経済構造がどのように変わってきたかを見ます。

なお、生産活動を行なうのは、工場でものを製造する製造業だけではありません。実際、第2章で見るように、先進国においては製造業以外の産業の活動が経済全体の中で大きな比率を占めるに至っています。

分配や支出の面から見ることもできる

生産された付加価値は、賃金や利潤として人々の所得になります（図表1－2参照）。この合計額を「分配面から見たGDP」と言います（ただし、「機械や設備等の資本が減耗していく部分をどう扱うか」という問題があります。この問題については後述します）。

所得として得られたものは、経済全体で見れば、支出されます。支出としては、消費支出と投資支出があります。また、政府が消費支出や投資支出を行なっています。さらに、国内で生産されたものが輸出されることがありますし、海外で生産されたものが輸入されて国内の支出になることもあります。

なおこの他に、生産されたが支出されず、在庫として積まれる場合もあります。これは

図表 1-2　生産された付加価値は分配され、さらに支出される

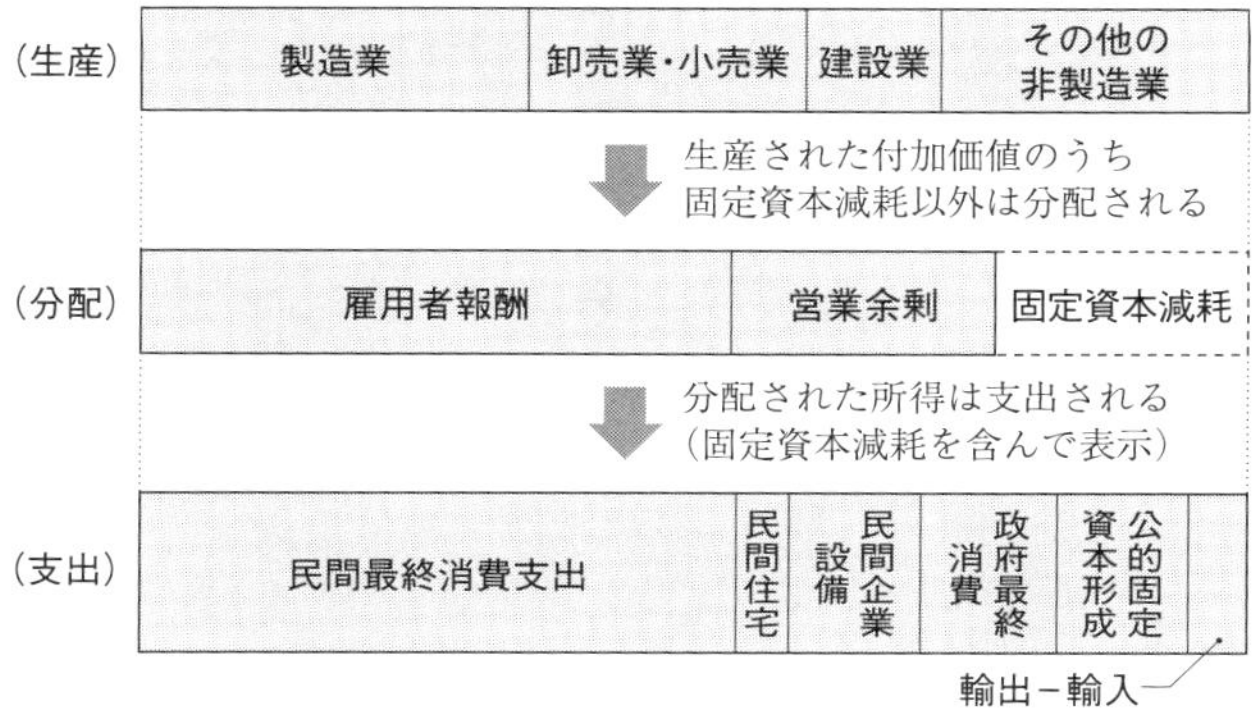

「在庫投資」として計上されます。

以上で述べた支出を、「最終支出」と言います。この合計額が「支出面から見たＧＤＰ」です（正確には「ＧＤＥ：国内総支出」ですが、通常は、これもＧＤＰと呼ばれています）。

支出面から見たＧＤＰの統計は、生産面から見たＧＤＰや分配面から見たＧＤＰより早い時点で公表されるため、ニュースなどで取り上げられるＧＤＰは、多くの場合、「支出面から見たＧＤＰ」です。

支出面が注目されるのは、もう一つの理由があります。それは、「経済全体の活動水準は、需要がどれだけあるかによって決まる」という考え方があることです。

経済活動の水準が、需要面の要因によって決まるのか、それとも「どれだけ生産できる能力があ

るか」という供給面の要因によって決まるのかは、経済学の基本的な問題として多くの議論があるところです。

古典的な経済学は供給面の要因を重視するのに対して、「ケインズ経済学」と呼ばれる理論では、需要面を重視します。大雑把に言えば、「長期的には供給面の要因により経済成長が決まり、短期的な経済変動は需要の変動によってもたらされる」と考えることができます。

経済を構成する各部門の活動

GDP統計では、経済活動を行なっている主体を次の部門に分類して考えます。

第1は企業部門です。ここには、法人企業の他、個人営業の企業も含まれます。また公的な部門で企業的な経済活動を行なっている部門も含まれます（たとえば、上下水道など）。

企業部門は、財やサービスの生産を行なっています。そのために原材料を購入し、労働、資本、土地といった生産要素を用います。

「原材料」とは、生産のためにすぐに使われてしまうものです。「資本」とは、工場や機械などです。これらは、生産活動によって減耗しますが、すぐになくなってしまうわけではなく、かなりの期間にわたって使うことができます。

第2は、政府部門です。ここには、国だけではなく、都道府県や市町村のような地方公共団体も含まれます。この部門はサービスを生産します。サービスとは、防衛、司法等の基本的な公共サービス、警察、清掃等です。

また、支出を行ないます。政府の消費支出としては、公務員の人件費（「政府が公務労働というサービスを購入している」と解釈している）、医療費（公的な医療保険制度が、本人負担分以外の医療費を保険者として支払う部分）などがあります。政府の投資支出は、道路や橋などの社会資本の建設です。

第3が家計部門です。この部門は生産活動は行なわず、支出のみ行なう部門として扱われます。支出としては、すぐに消えてしまう消費支出と、後に残るもの（住宅投資）があります。

第4は、海外部門です。日本は、さまざまな国と貿易を行なっています。日本で生産されたものの一部が輸出されて海外で支出されます。他方で、海外で生産されたものが輸入されて、日本国内で支出されます。

支出面から見たGDP

最近時点でのGDPを支出項目別に見ると、民間最終消費支出が全体の56・3％を占めています（2015年度、以下同）。これが最も重要な項目で、これがどのようになるかが、経済全体の需要動向を左右します。

その他の支出項目の比率は、つぎのとおりです。民間住宅3・0％、民間企業設備15・3％、政府最終消費支出19・9％、公的固定資本形成5・0％（以上を合計すると99・5％になりますが、これに在庫投資が加わります。また、これに輸出を加え、輸入を差し引きます）。輸出は17・2％、輸入は17・2％となっています。

支出項目別の構造は、高度成長期には、現在とは異なるものでした。1960年度を見ると、民間最終消費支出の構成比は58・3％で現在とあまり大きく違わないのですが、政府最終消費支出は7・9％でしかありませんでした。これは、高齢者人口が少なかったために、医療費が少なかったためです。

また、民間住宅、民間企業設備、公的固定資本形成を合計した国内総固定資本形成は、29・8％という非常に高い値になっていました。つまり、日本経済は、投資主導型の経済であったのです。

輸出は10・4％、輸入は10・2％であり、現在より低い値でした。日本の高度成長は輸出に主導されて実現されたと考えられることが多いのですが、そうではありませんでした。国内の旺盛な需要に対応して生産能力の拡大が図られ、それが投資需要となってさらに経済を成長させるという構造だったのです。

なお、輸出主導経済が今後の日本のとるべき道かどうかについては、第2章の**貿易立国は復活できない**、第7章の**経済政策の基本を変更する必要がある**で述べます。

名目GDPと実質GDP

右に述べた手続きで計算されるGDPは、「名目GDP」と呼ばれます。しかし、これは経済活動をとらえるために必ずしも適切なものではありません。なぜなら、物価が上昇すれば、経済活動の実体が変わらなくとも、名目GDPは増えるからです。

そこで、「仮に物価が変化しなかったとすれば、GDPはいくらになるか」を考えることにします。これを、「実質GDP」といいます。経済成長率等の議論においては、普通、実質GDPが使われます。

この計算のためには、基準時点からの物価の変化率を計算します。この変化率のことを、「デフレーター」と呼びます(「デフレート」とは、「膨らんだものをしぼませる」という意味。物価が上昇したことで名目GDPがふくらんだ部分をしぼませるわけです)。

最終支出の項目別にデフレーターを計算し、それらを加重平均して、「GDPデフレーター」を計算します。名目GDPをGDPデフレーターで割った額が実質GDPです。

たとえば、現時点の名目GDPが500兆円であったとし、基準時点から現在までにGDPデフレーターが5％上昇したとすれば、実質GDPは476（＝500÷1・05）兆円となります。実質GDPの値は、基準年次の取り方によって異なる値を取ります。

このように、実質GDPとは、抽象的な概念です。個々の製品、たとえば自動車であれば、生産された額が名目値であり、生産された台数が実質値ということになります。しかし実質GDPの場合には、そのような対応関係はありません。

とくに重要なのは、前述したように、基準年次を変えれば、実質GDPの値は変わってしまうことです。したがって、2時点をとってその間の実質GDPの増加率を問題とすることには意味がありますが、ある時点の実質GDPが大きいとか小さいとかいうことには意味がありません。

「実質GDP」という言葉はミスリーディングであり、正確には「物価不変の場合のGDP」と言うべきでしょう。

高度成長期には経済成長率が10％を超えていた

GDPを用いて、どのようなことが分かるでしょうか。

まず第1に、経済が順調に成長しているか、あるいは停滞しているかが分かります。

図表1-3　日本の実質GDP成長率の対前年増加率

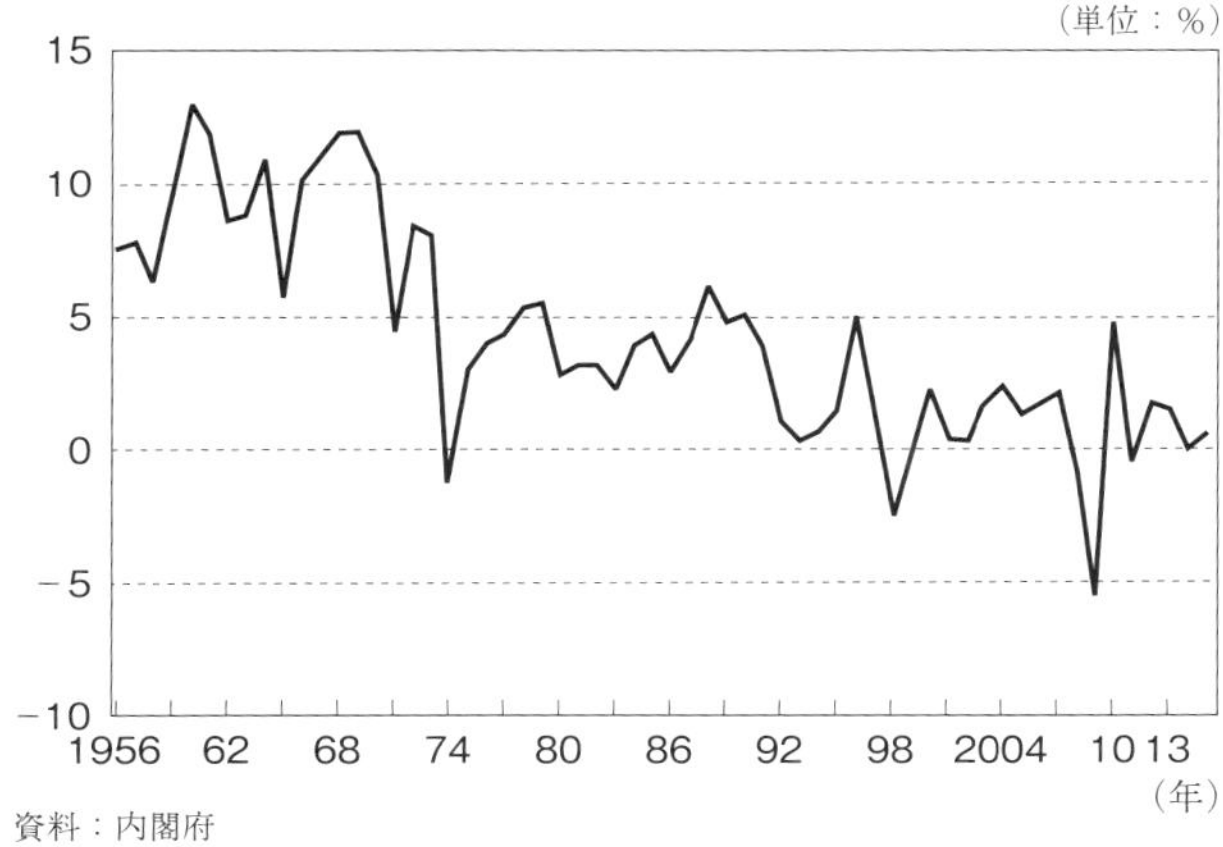

資料：内閣府

１９５０年代後半から60年代の日本経済は、「高度経済成長」を実現しました。ＧＤＰの成長率がきわめて高かったのです。日本の名目ＧＤＰは、55年から70年にかけて、５年ごとに約２倍になりました。55年に８・４兆円であったＧＤＰは、60年には16・０兆円と、１・９倍になりました。さらに、65年には32・９兆円と、２・１倍になりました。56年から70年にかけての名目ＧＤＰの年平均成長率は、15・６％にもなります。

実質ＧＤＰ成長率の推移は、図表１－３に示すとおりです。60年代には10％程度の成長率が続いていたことが分かります。56年から70年の平均値は、９・６％です。

人口も増えたので１人当たり所得の伸び

はＧＤＰの伸びほどではありませんが、それでも、60年から66年までに、日本人の所得は約２倍に増えました。

60年に成立した池田勇人内閣は、「所得倍増計画」を掲げました。これは、「10年で所得を２倍にする」という計画です。いまの感覚では信じられないほど野心的なものに思われるでしょうが、当時の日本経済の成長力から見れば、当然の計画でした。

ところが、日本の実質ＧＤＰ成長率の対前年増加率はその後低下し、現在では、年率で０・５％程度です（図表１－３参照）。日本の状況が高度成長期とは大きく変わったことは、この数字に象徴的に表れています。

成長率の国際比較で日本は低位

ＧＤＰ統計の優れている点は、世界各国で共通の基準にしたがって作られていることです。このため、国際比較をすることができます。日本のＧＤＰ成長率を他国と比べれば、日本経済に問題があるかどうかを知ることができるでしょう。

日本のＧＤＰは名目でおよそ５００兆円であり、世界全体のＧＤＰの20分の１くらいです。アメリカに比べると３分の１程度です。

中国で高い経済成長率が続いた結果、中国のＧＤＰが世界経済に占める比率は増大しま

図表 1-4　実質 GDP 成長率の国際比較

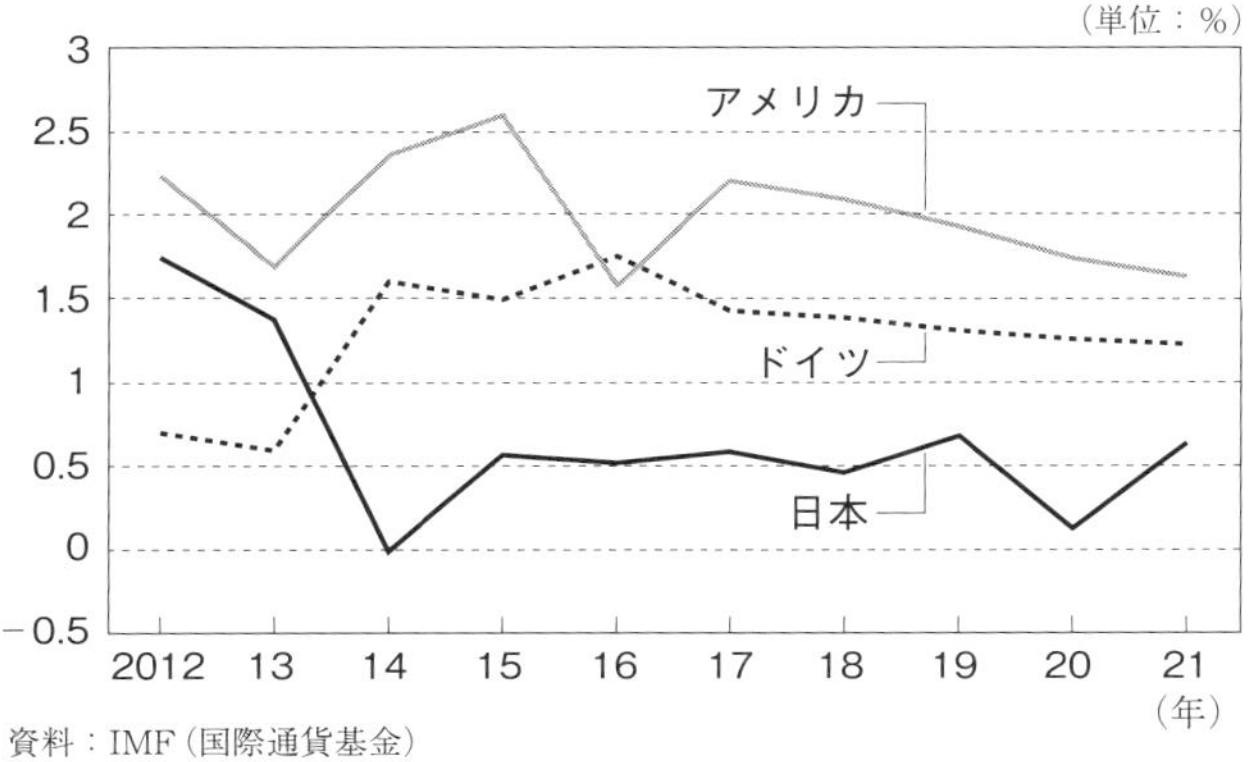

資料：IMF（国際通貨基金）
注：2016 年以降は予測

した。現時点で世界の他の国と実質ＧＤＰ成長率を比べてみると、日本の状況はあまり芳しくありません。この状況を図表１－４に示します。

日本のＧＤＰ成長率は０・５％程度、アメリカの成長率が２・５％程度ですから、だいぶ差があります。これは日本経済に問題があることを示しています。

図表に示した２０１６年以降の年次は、ＩＭＦ（国際通貨基金）の推計です。これで今後の成長を見ると、かなり明瞭につぎのように区別できます。

第１に、アメリカは２％強の成長を続けます。リーマンショック前に比べれば決して高成長とは言えませんが、先進国間の比較で言えば、かなり高い成長率です。図には示してありませんが、イギリス、アイルランドも、アメリカとほぼ同じ成長率です。第2に、ドイツは1％台の成長です。ヨーロッパ大陸諸国も、ほぼ同様です。

ところが日本は、1％未満の成長率しか実現できません。日本の停滞ぶりは、とくにアメリカとの対比において鮮明です。

つまり、アメリカ金融緩和脱却後の世界において、先進国は3つのグループに分かれることになります。第1はアメリカ、イギリス、アイルランドであり、先進国の中では最も高い成長率を実現します。第2はヨーロッパ大陸の主要国であり、第1グループよりは低いが、成長を実現します。そして第3が日本であり、停滞を続けます。

1人当たりGDPで中国との差が縮小

国民の豊かさを測るために、1人当たりGDPという指標がしばしば使われます。この指標の推移を見ると、図表1－5のとおりです。

日本の1人当たりGDPの伸びが低下し、アメリカとの間で大きな差ができつつあることが分かります。IMFの予測では、2020年には、アメリカの1人当たりGDPは、日本のそれの1・5倍にもなります。

ここには、もちろん為替レートの影響があります。日本の値が13年頃以降急速に低下し

図表1-5　1人当たりGDPの国際比較

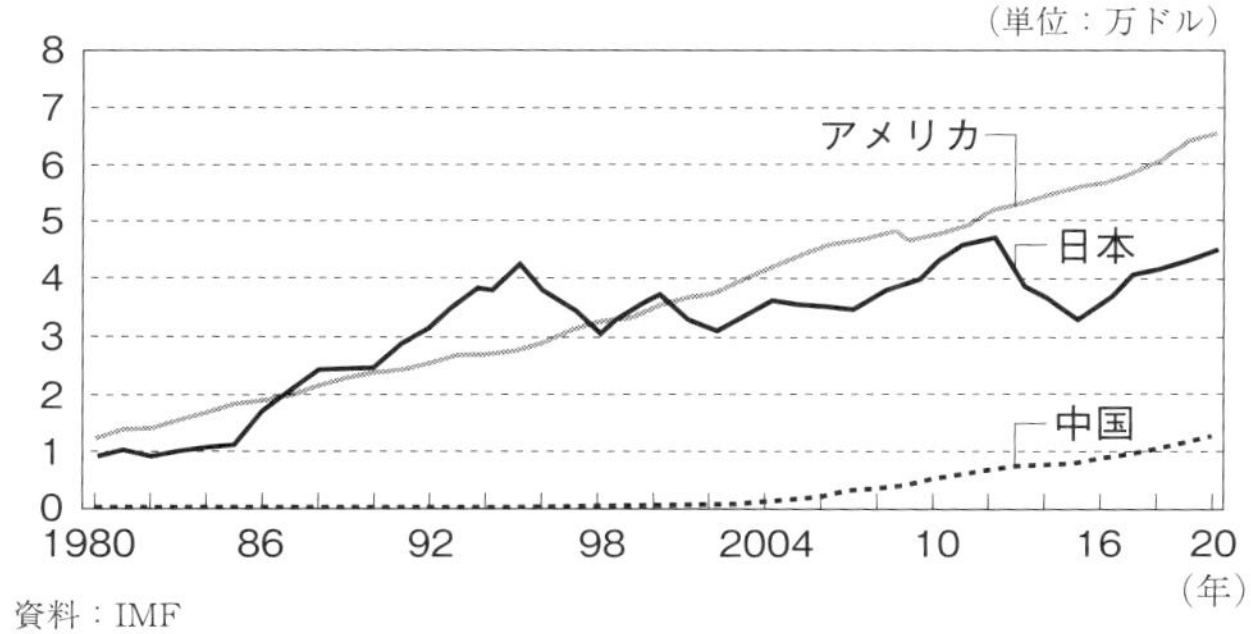

資料：IMF
注：2016年以降は予測

たのは、円安が進んだためです。しかし、前述のように実質成長率に大きな差があるのですから、これは、単に為替レートの変化だけを反映しているものではありません。1人当たりGDPにおいて日本の伸び率が低下しているのは、日本経済の実体的な構造に問題があることを示しています。

1人当たりGDPの日本とアメリカの比率を見ると、1990年代には、この比率は1を超えていました。つまり、日本のほうが豊かでした。しかし、比率は長期的に低下してきたのです。

他方で、日本と中国の1人当たりGDPの差は、急速に縮小しつつあります。10年には中国の1人当たりGDPは日本のそれのほぼ10分の1でしたが、15年ではほぼ4分の1になりました。そして、20年には3分の1になると予測されます。このように、日本と中国の間で所得の長期的な平準化過程が進んでいることが分かります。

こうなるのは、日本と中国の産業構造が基本的に同一のものだからです。「日本の中国化」を回避するには、産業構造を変えるしかありません。

このように、日本は中国に近づきつつある反面で、アメリカからは遠ざかりつつあります。われわれは、このことの重要性を無視したり軽視したりしてはなりません。この問題は、第2章で考えることとします。

「グロス」の意味

以上では、GDPについてのごく概略の説明を行ない、それを用いて何を知ることができるかを示しました。以下では、GDPについて、いくつかの補足説明を行ないます。

GDPはしばしば使われる指標ですが、抽象的な概念なので、その中身が必ずしも正確に理解されているわけではありません。

まず、GDPの最初にあるGについて。これは、gross（グロス）という言葉の略です。日本語では「総」と訳されているので、「全体の合計」という意味だと考えられがちなのですが、そうではありません。これは「資本減耗を含む」という意味です。

「資本減耗（capital consumption）」とは、工場や機械などの生産設備や道路などの社会資本を、経済活動に用いて摩耗する部分のことです（ＧＤＰ統計では、「固定資本減耗」という言葉が用いられています）。資本減耗の補塡は、資本ストックを現在の水準に維持するために必要なものです。

高度成長期においては、資本減耗の比率はそれほど高くはありませんでした。たとえば、１９６０年度においては、国内総固定資本形成４・９６兆円に対して、固定資本減耗は１・８４兆円でした。

しかし、その後資本ストックの蓄積が進んだため、資本減耗の比率が高くなっています。２０１５年度においては、固定資本減耗１２０兆円に対して総固定資本形成１２３兆円と、ほぼ同額になっています。つまり、現在の日本の投資は、減耗する資本ストックを補塡しているだけであり、資本ストックを積極的に増やすことにはなっていないということです。

資本減耗は、所得にはなりません。したがって、ＧＤＰを豊かさの指標として用いる場合には、本来は減耗分を引いたものを用いることが必要です。

しかし、普通はそのような調整はなされず、ＧＤＰそのものが豊かさの指標として用いられます。特に国際比較においてはそうです。１人当たりＧＤＰという指標を用いて国際比較をすると、日本の数字は新興国に比べて豊かさを過大評価していることに注意が必要です。

GDPとGNPの違い

GDPと似た概念として、GNP（Gross National Product：国民総生産）があります。日本のGDPは日本の国内で生産されるもの、日本のGNPは日本の国民が生産するものです。たとえば、日本の企業が海外に工場を持ち、そこで生産した所得を日本に送ってくるとします。これは国内で生産された付加価値ではないので、GDPには含まれません。他方、GNPは日本国民が全世界で生産した付加価値なので、これを含みます。

日本の統計では、かつてはGNPを用いていました。その後世界的にGDPを用いることが標準になったため、日本でも1993年からGDPを用いるようになっています。

しかし、海外における生産活動が増加してくると、GDPではなくGNPを使うべきではないかという考えも成り立ちます。

GDP以外の経済統計

GDP統計は、経済全体の動向を見ることができる総合的な統計ですが、データが得られるまでに時間がかかります（たとえば、10～12月期の1次速報が得られるのは、翌年の2月中旬）。また、各部門の状況をより詳しく知りたいこともあります。

このような事情があるため、経済分析では、ＧＤＰ以外の指標もしばしば使われます（これらの多くは、ＧＤＰ統計の元となっている統計です）。

国内の産業活動の状況を見るには、鉱工業生産指数、商業統計、法人企業統計、機械受注統計調査報告、企業物価指数などが使われます。

労働市場の状況を見るには、労働力調査、毎月勤労統計調査などが、そして家計の状況を見るには、家計調査、消費者物価指数などが使われます。

日本の対外経済活動の状況を見るには、貿易統計、国際収支統計などが使われます。

また、金融や財政に関して、さまざまな統計があります。

第2章

製造業の縮小は不可避

日本の産業構造の変化を見る

この章では、日本の産業活動がどのように変化してきたかを見ることとします。高度成長とは、農業を中心とする経済が工業化する過程でした。日本では、1950年代から60年代にかけて工業化が進んだのですが、いま、中国などの新興国が、工業化の道を歩んでいます。

先進国は、新興国の工業化に対応しなければなりません。日本の問題は、そうした対応を適切に行なっていないことです。

◇◇◇◇◇◇◇◇◇◇◇◇◇◇◇◇◇◇◇◇◇◇

農業から製造業への転換で高度成長

かつて産業構造の中心は農業でした。日本でも、1950年頃まではそのような状況でした。中心産業が製造業に移行することによって、GDPが急速に増大しました。この過程が第1章で述べた高度経済成長に他なりません。

産業別就業者の推移を見ると、農林漁業従業者の比率が50年には49％と半分近くを占めていたのですが、65年には22％と半分以下に低下し、さらに60年代末には18％に減少しています。

それに代わって拡大したのが製造業です。製造業従業者の比率は、50年には16％でしかなかったのですが、60年代末には25％以上になりました。

60年代の名目民間設備投資の増加率は平均で年17・7％にも及び、20％を超えた年も3回ありました。製造業の出荷額は、50年から60年の10年間に実に6・5倍に増加、さらに70年までの10年間に4・4倍に増加しました。

日本の製造業の成長を端的に示しているのが、鉄鋼生産です。製鉄所の建設ブームが起き、各地に大規模な一貫製鉄所が誕生しました。生産量は、50年から60年の10年間に5・3倍に、さらに70年までの10年間に5・7倍に増加しました。日本の鉄鋼生産量をアメリカと比較すると、50年代には取るに足らない水準だったのですが、60年代末にはそれほど遜色ない水準にまで増加しています。

また、工業化に伴い、人口が急激に都市化しました。郡部人口に対する市部人口の比率は、50年には0・6であったのですが、65年には2・1に上昇しました。

農業社会が工業化する過程で経済成長率が高くなるのは、日本の高度成長期だけの特別な現象ではありません。実際、50年代後半からの日本経済の急成長と同様の高成長が、80年代にアジア新興国（アジアNICS：韓国、台湾、香港、シンガポール）で見られました。また、後に見るように、中国が工業化に成功して、著しく高率の経済成長率が実現しました。

図表 2-1　産業構造の長期的変化

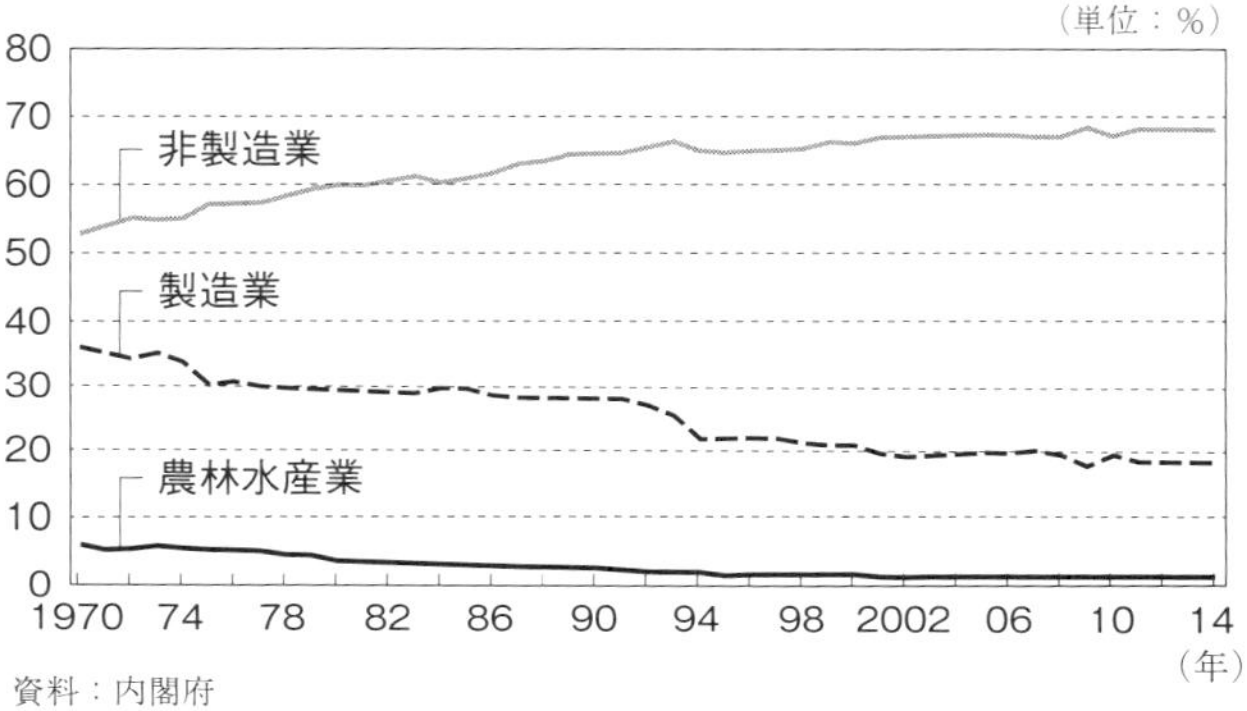

資料：内閣府

製造業の停滞と縮小

しかし、日本における製造業の拡大傾向は、その後、変化しました。1970年代以降には、製造業が縮小し、非製造業が拡大しているのです。

GDP統計で、農林水産業、製造業、非製造業の付加価値がGDP全体に占める比率を見ると、図表2－1のとおりです。

70年度においては、この比率は、6・1%、36・0%、53・0%でした。それが80年度には、3・7%、29・2%、59・9%となっています。70年度に対する比率で見ると、農業が60・1%に、製造業が81・1%にそれぞれ減少し、非製造業が113・0%に増大しています。

農業と製造業の比率が低下し、非製造業の比率が増大するという傾向は、その後も続いています。農林水産業、製造業、非製造業の付加価値が

GDP全体に占める比率は、99年度には2・5％、28・2％、64・5％になりました。2000年度では1・6％、21・1％、66・1％です。01年度には、製造業の比率が20％を割り込みました。14年度においては、農業1・2％、製造業18・5％、非製造業68・1％という比率になっています。製造業の比率が、70年度に比べると、ほぼ半減したことに注意が必要です。

第3章で見るように、就業者で見ると、製造業の比率は、16年9月で15・9％にまで低下しています。

以上で見たのは製造業が経済全体の中で占める比重ですが、絶対値で見ても、製造業は伸び悩み、ないし縮小しています。鉱工業生産指数の推移を見ると、80年代の中頃までは傾向的に増加していましたが、80年代の中頃以降は、ほぼ一定の水準で停滞しています。円安になった2005、2006年頃に一時的に高まったものの、リーマンショックでまた落ち込んでいます。

具体的な数字で見ると、つぎのとおりです（いずれも、表示年次の第1四半期の数字。2010年＝100とする指数）。

まず、高度成長期においては、55年に6・1であったものが、60年には12・6、65年には23・2、70年に46・5と、ほぼ5年おきに倍増のペースで拡大していました。石油ショック後の75年には50・7と、やや伸びが低下しましたが、それでも、80年72・4、85年84・3、90年102・9と増え続けました。

ところが、91年に108・6となった後は、95年100・5、2000年103・0などと、停滞しました。その後、再び増加し、08年には116・8とピークを記録したのですが、その後に生じたリーマンショックの影響で急減したのです。16年11月には、季節調整済み月次指数で99・9となっています。

高度成長期において製造業が大きな役割を果たしたため、日本の中心産業は製造業であると、いまだに考えられることがあります。経済政策においても、製造業の復活が目的とされることがあります。しかし、以上で見たように、製造業の相対的な比率は明らかに低下し、絶対値で見ても、製造業は停滞または縮小の過程にあるのです。

これは、日本だけでなく、世界の先進国に共通する現象です。なぜこのような変化が生じたのでしょうか？　その背後には、新興国の工業化とIT革命という2つの大きな変化があります。これらについて以下に見ることとしましょう。

製造業縮小の原因(1)　中国の工業化

1990年代後半以降、中国において、農業から製造業への転換が急速に進みました。

中国工業化の発端は、78年にさかのぼります。鄧小平が「改革開放、現代化路線」を掲げ、そこから中国の大転換が始まりました。

79年には深圳《シンセン》などに経済特区を、84年には上海などに経済技術開発区を、それぞれ設置しました。ここに華僑や欧米からの外資を積極的に誘致し、それによって経済発展を図ろうとしたのです。しかし、この時期においては、改革開放は政治の世界で言われていたものの、経済の実態が大きく変わるには至りませんでした。

経済の実態が変わるのは、90年代の半ばになってからです。まず、国有企業の改革が行なわれました。それまで、中国ではすべての産業が国家によって運営されていたのですが、エネルギー関連、通信関連、重工業、金融などの基幹産業の大企業については、国家が保有したうえで、株式会社化することとしました。それ以外の産業については民営化を進めました。

この政策は成功しました。中国の鉄鋼生産量は、95年には約1億トンで日本とほぼ同程度だったのですが、その後急増し、たちまち日本を抜き去りました。現在の世界では、中国が圧倒的に大きなシェアを占めています。鉄鋼に少し遅れて2000年以降に、自動車の生産も本格化しました。

家電やIT、自動車などの分野では、1990年代末に多くの新しい企業が誕生し、成長しました。注目すべき流れは、電子製品などの組み立て作業を受託するＥＭＳ（Electronics Manufacturing Service）と呼ばれる企業が登場したことです。世界最大のＥＭＳであるフォックスコンは、台湾の鴻海精密工業の子会社で、アップル製品の最終組み立てを担当しています。

中国で製造業が発達し、世界の工場としての地位を占めるようになったことで、世界経済に大きな変化が生じました。

90年代に日本人が持っていた一般的な考えは、「中国の製造業は低賃金労働に依存し、先進国の模倣品など、安くて品質の劣る製品を大量に作っているだけだ」というものでした。いまもまだ、そう考えている人がいます。しかし、現実はすでに大きく変わっています。中国メーカーは巨額の研究開発費を投じ、世界各国に研究拠点を設けて技術開発を進めており、技術的にも日本企業を凌ぎつつあるのです。

製造業縮小の原因(2)　ＩＴ革命

１９８０年代から90年代にかけて、技術体系にも大きな変化が生じました。それがＩＴ（情報・通信技術）革命です。

それまで大型コンピュータで行なっていた情報処理が、80年代以降、ＰＣ（パソコン）

で行なわれるようになりました。通信においては、90年代からインターネットが利用できるようになりました。

経済的な観点から見たIT革命の意味は、情報処理コストと通信コストが劇的に低下したことです。大型コンピュータは1台数億円もする機械で、これを使えるのは、大企業と政府、そして大学に限られていました。そうした組織の情報処理能力が圧倒的に高く、中小企業や個人との間に、画然たる差があったのです。また、大量・高速のデータ通信には専用回線が必要であり、これもきわめて高価でした。

ところが、IT革命によって、この状態が一変したのです。大企業も中小企業も、そして個人も、情報処理の点では同じ条件で仕事ができるようになりました。

技術進歩が急速な分野では、小回りの利く小組織のほうが意思決定を素早くできるため、鈍重な大組織に比べて環境条件の変化に対応するのが速くなります。このため、創業間もないベンチャー企業が、短期間のうちに世界的大企業に成長するといった現象が、アメリカのシリコンバレーを中心として見られるようになりました。

90年代に入ってインターネットが一般化すると、国際間の通信コストがゼロに近づき、競争条件に大きな変化が生じました。距離に関係なく経済活動を行なうことが容易になった結果、人件費の高いアメリカの企業が、サービス業務をアイルランドやインドなどにアウトソースすることが普通になったのです（「アウトソーシング」とは、業務の一部を外部に委託すること）。

製造業が垂直統合から水平分業へ

以上で見た変化は、製造業の生産方式にきわめて大きな影響を与えることになります。「垂直統合から水平分業へ」という世界的な動きが起きたのです。

それまでの製造業の生産方式の主流は、大企業が組織内で最初から最後までのすべての工程を行なうものでした。これを「垂直統合型の生産方式」と言います。

しかし、新興国が工業化し、かつ、通信コストが低下して小企業も高い情報処理能力を持つようになったために、複数の企業が市場を通じて作業を分担することが容易になったのです。つまり、複数の企業が協業しあって、あたかも一つの企業のように生産活動を行なうのです。これを、「水平分業型の生産方式」と言います。

この方式は、最初PCの生産で広がりました。OS（基本ソフト）をマイクロソフトが、CPU（中央演算処理装置）をインテルが生産し、デルコンピュータやコンパックなどのメーカーが組み立てを行なうという方式です。PC生産における水平分業が広がると、日本メーカーは対応することができず、短期間のうちにシェアを落としたのです。

最近では、アップルの製品が水平分業で作られていることが注目を集めています。アップルは、製品の開発と設計、そして販売や広報という、入口と出口の作業を行なうだけです。アップルの設計をもとに、世界中の企業が生産した部品を市場を通じて調達し、EMSのフォックスコンが中国で組み立てる。こうして得意分野に特化した企業は急速に規模を拡大し、垂直統合型の企業を圧倒していくようになります。水平分業方式が製造業の新しいビジネスモデルになったのです。

新興国と製造業で競争はできない

１９９０年代以降、新興国の工業化、情報通信技術の革新、それによるビジネスモデルの変化などが同時に進みました。このような基礎的経済条件の大きな変化は、日本経済の基礎を揺るがすものでした。

それまで日本が行なってきた製造業のうち、重化学工業と組み立て製造業は、中国がより低コストで効率的にできる時代になりました。中国には農村から供給されてくる安価な労働力が大量に存在します。中国が大量生産分野を担当して生産を行なうことで、工業製品の価格は世界的に下落しました。

日本の製造業が中国メーカーと製造過程でのコストダウン競争を行なっても、消耗するだけで、勝ち目はありません。時代は大きく変わったのです。

日本国内で生産を行なう企業は、次第にコスト競争についていけなくなっていきました。日本企業も、中国などのアジア諸国に進出して、そこで生産を行なわざるをえなくなってきたのです。

このような環境変化の中で先進国がめざすべき道は、アップルが実践しているように、開発・研究や販売という付加価値が高い分野に特化し、中国の製造業と棲み分けてゆくことです。さらに、技術革新が相次ぐ先端サービスとITなど、先進国の企業が優位を発揮できる分野に特化してゆくことです。しかし、どちらも、日本型大企業が不得意な分野でした。時代が大きく変わったにもかかわらず、日本企業はそれに対応することができなかったのです。

第1章で、日本とアメリカの間にGDPの成長率や1人当たりGDPで差が開きつつあると述べましたが、その背景には、日本の産業構造が高度サービス産業に転換できないという事情があります。この問題は、就業構造の面から、第3章で見ることにします。

資本収益率が傾向的に低下

右に見たような世界経済の構造変化によって、日本の製造業の利益率は顕著に低下しました。

法人企業統計によって、製造業の自己資本経常利益率を見ると、つぎのとおりです。なお、この指標は、経常利益の自己資本に対する比率で、資本がどの程度の生産性を持っているかを示します(注1)。

この比率は、1960年代には20%を超える水準でした。60年代後半から70年代前半にかけては、30%を超える場合もありました(66年から76年までの平均は、26・6%)。

しかし、その後低下しました。80年代の平均は21・0%です。さらに、90年代になって大きく低下し、90年代の平均は12・5%となりました。2000年代の平均は10・9%です。12年度は9・4%です。

このように、日本の製造業の自己資本収益率は、長期にわたって、傾向的、かつ大幅に低下しています。

こうなった最重要の要因は、すでに述べたように、新興国の工業化です。中国をはじめとする新興工業国が、低賃金労働力を使って安価な工業製品の大量生産を行なえるようになったことです。これが工業製品の価格を下落させるとともに、製造業の利益率を低下させているのです。

つぎに、総資本営業利益率の推移を見ましょう。この指標は、営業利益の総資本に対する比率です（注2）。

全産業（除く金融保険業）で見ると、1960年代には7％程度あったものが、2012年度では2・8％まで低下しました。

産業別に見ると、製造業の変化のほうが非製造業の変化より大きくなっています。すなわち、製造業は1960年代には平均して9％程度であり、10％を超える年もありました。しかし、80年代から傾向的に低下し、90年代には3％程度にまで低下しました。それに対して非製造業は、60年代には6％程度と、製造業との間に大きな差がありましたが、その後低下はしたものの、製造業に比べれば緩やかな変化でした。

このように、大きく低下したのは製造業です。これは、新興国の工業化によって工業製品の価格が低下し、そのため、製造業の売り上げが伸びなくなったことによると考えられます。

（注1）「売上高」から「売上原価」（材料費などの仕入れ）を差し引き、さらに販売費、一般管理費を差し引いたものを「営業利益」と言います（人件費の中で、工場作業員の給与等は売上原価に含まれ、売り手の給与等は販売費に、会社の内部管理に携わる従業員の給与等は一般管理費に含まれます）。営業利益に財務活動などの本業以外の損益を加えたのが「経常利益」です。具体的には、受取利息などの営業外収

益を加え、支払う借入利息などの営業外費用を引きます。

「自己資本」とは、出資者から調達した資本金と、内部留保（剰余金）からなります。
（注2）「総資本」とは、他人資本と自己資本を合算したものです。「他人資本」とは企業が負っている債務のことで、買掛金、借入金、未払金、社債などがあります。

貿易立国は復活できない

日本は、海外から原油などの原材料などを輸入し、他方で国内で生産された財を輸出しています。

2015年の輸出額は約75兆円ですが、これは同年のGDP約530兆円の約14・2％に当たります。

輸出のGDPに対する比率は、アジア新興国に比べるとかなり低い値です（15年において、香港は337・04％、シンガポールは233・25％、台湾は102・02％）。

図表2－2に示すとおり、貿易収支は、1997年から2007年まで、年間10兆円を超える水準でした（ただし、01年を除く）。1998年には16兆円を超える水準であり、2004年、2007年には14兆円を超えました。これは、輸出主導の経済成長と言われました。

ところが08年9月に起こったリーマンショックの影響で、日本の貿易収支は一気に落ち込み、08年の貿易収支は5・8兆円に減少しました。

その後、中国に対する輸出が回復し、貿易収支黒字は10年には9・5兆円に回復したのですが、11年に生じた東日本大震災の影響で原子力発電が停止したために火力発電所の燃料であるLNGの輸入が増加し、11年には貿易収支が赤字に転じました。その後14年まで赤字が増大し、14年の赤字は10兆円を超えるまでになりました。リーマンショック前に比べると、大きな変化があったと言わざるをえません。「輸出立国モデル」「貿易立国モデル」は、終了したのです。

その後、原油価格の値下がりにより輸入が減少し、15年の貿易収支の赤字幅は減少しています。

経常収支は、貿易収支(財の輸出と輸入の差額)、サービス収支、第一次所得収支、第二次所得収支からなります(注)。サービス収支は旅行者の支出などです。その推移は、図表2－2に示すとおりです。

なお、日本のサービス収支は継続的に赤字です。02年までは毎年5兆円を超える赤字でしたが、その後赤字幅が減少しています。

なお、経常収支は、06、07年には年額20兆円を超える黒字を記録しましたが、貿易収支

図表 2-2　経常収支の推移

（単位：億円）

暦年	経常収支	貿易収支	輸出	輸入	サービス収支	第一次所得収支	第二次所得収支
1996	74,943	90,346	430,153	339,807	－67,172	61,544	－9,775
1997	115,700	123,709	488,801	365,091	－66,029	68,733	－10,713
1998	149,981	160,782	482,899	322,117	－65,483	66,146	－11,463
1999	129,734	141,370	452,547	311,176	－62,720	64,953	－13,869
2000	140,616	126,983	489,635	362,652	－52,685	76,914	－10,596
2001	104,524	88,469	460,367	371,898	－56,349	82,009	－9,604
2002	136,837	121,211	489,029	367,817	－56,521	78,105	－5,958
2003	161,254	124,631	513,292	388,660	－41,078	86,398	－8,697
2004	196,941	144,235	577,036	432,801	－42,274	103,488	－8,509
2005	187,277	117,712	630,094	512,382	－40,782	118,503	－8,157
2006	203,307	110,701	720,268	609,567	－37,241	142,277	－12,429
2007	249,490	141,873	800,236	658,364	－43,620	164,818	－13,581
2008	148,786	58,031	776,111	718,081	－39,131	143,402	－13,515
2009	135,925	53,876	511,216	457,340	－32,627	126,312	－11,635
2010	193,828	95,160	643,914	548,754	－26,588	136,173	－10,917
2011	104,013	－3,302	629,653	632,955	－27,799	146,210	－11,096
2012	47,640	－42,719	619,568	662,287	－38,110	139,914	－11,445
2013	44,566	－87,734	678,290	766,024	－34,786	176,978	－9,892
2014	38,805	－104,653	740,747	845,400	－30,335	193,738	－19,945
2015	164,127	－6,288	752,653	758,941	－16,784	206,526	－19,327

資料：財務省

の減少に伴い08年以降減少し、11年には10兆円、そして12年以降は3兆～4兆円となっています。

（注）第一次所得収支とは、直接投資の収益や証券投資の収益など、対外的な債権・債務から生じる利子・配当金などの収支です。第二次所得収支とは、無償資金協力、寄付、贈与の受払など、対価を伴わない資産の提供に係る収支です。

製造業の海外移転は不可避

日本の製造業は、すでに生産拠点の多くを海外に移転させています。

リーマンショック前の円安期において、電機産業を中心として生産の国内回帰現象が見られました。しかし、シャープやパナソニックは、この時代に建設した国内巨大工場が重荷になり、その後の巨額の赤字の原因になりました。したがって、今後投資をするにしても国内に新規工場を作ることはせず、海外の生産拠点に投資をするでしょう。

製造業の海外移転は、東日本大震災前から進行しています。これは、円高が主たる原因です。

また、日本企業の多くは、今後は日本の国内市場の伸びは期待できないと判断し、需要が拡大すると見込まれる海外市場へ進出することで活路を見出そうとしています。日本企業は現地に工場などの生産拠点を設けたり、現地企業との合弁会社を設立したりしています。

ところで、生産拠点の海外移転が進めば、国内の生産力は減少します。こうした事態に対して一般に主張されるのは、「製造業が海外移転すると国内の雇用を維持できないから、食い止めるべきだ」という意見です。

しかし、製造業の移転は経済条件の変化に対応する企業行動の結果なのですから、それを食い止めることはできません。それに、移転はすでにかなりの程度進行しており、これを逆戻りさせることはできません。

それに、生産のための資本ストックが国内にあるか海外にあるかは、一般に言われるほど重大な問題ではありません。海外生産の利益を国内に還流させればよいからです。日本は、生産拠点を国内に残したままで輸出を増やし、貿易黒字を拡大しようとするのではなく、海外で生産を行ない、その利益を還流させて経常収支の黒字を維持することに努めるべきです。なお、雇用の問題については、第7章の**経済政策の基本を変更する必要がある**の項で述べます。

経済停滞はデフレのためではない

以上で見たように、1990年代の半ば以降、日本の経済パフォーマンスは芳しくありません。この20年間が「失われた20年」であると、よく言われます。

その原因について、「デフレのためだ」という意見が一般的です。この考えを持つ人は、つぎのように主張します。

物価が下落するため、人々は「将来買ったほうが得だ」と考えて、いま買わない。企業は、生産物を作っても高く売れないので、利益率が低下する。このように、日本の衰退の原因はデフレである。だから金融を緩和して物価を引き上げれば、解決がつく。

しかし実際には、そうではないのです。物価が下落することが問題だったのではなく、この章で述べたように、日本の産業構造や経済体制が時代の新しい条件に適合しなかったことが、日本経済の不調の基本的な原因なのです。

日本経済の不調がこのように構造的な問題であるのなら、それに対応し、産業構造を変えていくことによってしか、問題は解決できません。

それにもかかわらず、いまに至るまで、日本経済の問題が金融緩和という政策によって解決できると、多くの人が考えています。日本が長期的停滞から抜け出せない基本的な原因は、ここにあります。

物価下落が問題の根源でないことは、第5章でより詳しく説明します。また、金融政策の効果については、第6章で論じます。

第３章

製造業就業者は
全体の６分の１まで減少

日本の就業構造の変化を見る

第2章では、産業構造の変化を見て来ました。本章では、産業構造を就業の面から見ることとします。日本の就業構造を見ると、製造業の就業者が減少し、医療・介護を中心として非製造業の就業者が増加しています。また、長期的に見て、日本の賃金は下落しています。そして、非正規労働者が増えています。こうした変化が生じるのは、なぜでしょうか。

◇◇◇◇◇◇◇◇◇◇◇◇◇◇◇◇◇◇

製造業就業者は卸売・小売業就業者より少ない

日本の就業構造の長期的な推移を「労働力調査」によって見ると、つぎのとおりです。

日本の就業者（季節調整値）は、1953年4月には3877万人でしたが、その後ほぼ傾向的に増加を続け、55年2月に4000万人を突破、68年8月に5000万人を突破、88年5月に6000万人を突破しました（注）。そして、97年6月に6584万人のピークを記録。しかし、その後は減少を続け、2016年11月には6444万人となっています。

就業者数が減少しているのは、人口の年齢構造が変化し、15〜64歳の労働年齢階層の人口が減少しているからです（人口構造の変化については、第7章で見ることとします）。

第2章では、産業別の付加価値の構成が、時代とともに変化したことを見ました。これに伴い、就業構造も大きく変化しています。

図表3-1　製造業と卸売・小売業、飲食店の就業者の推移

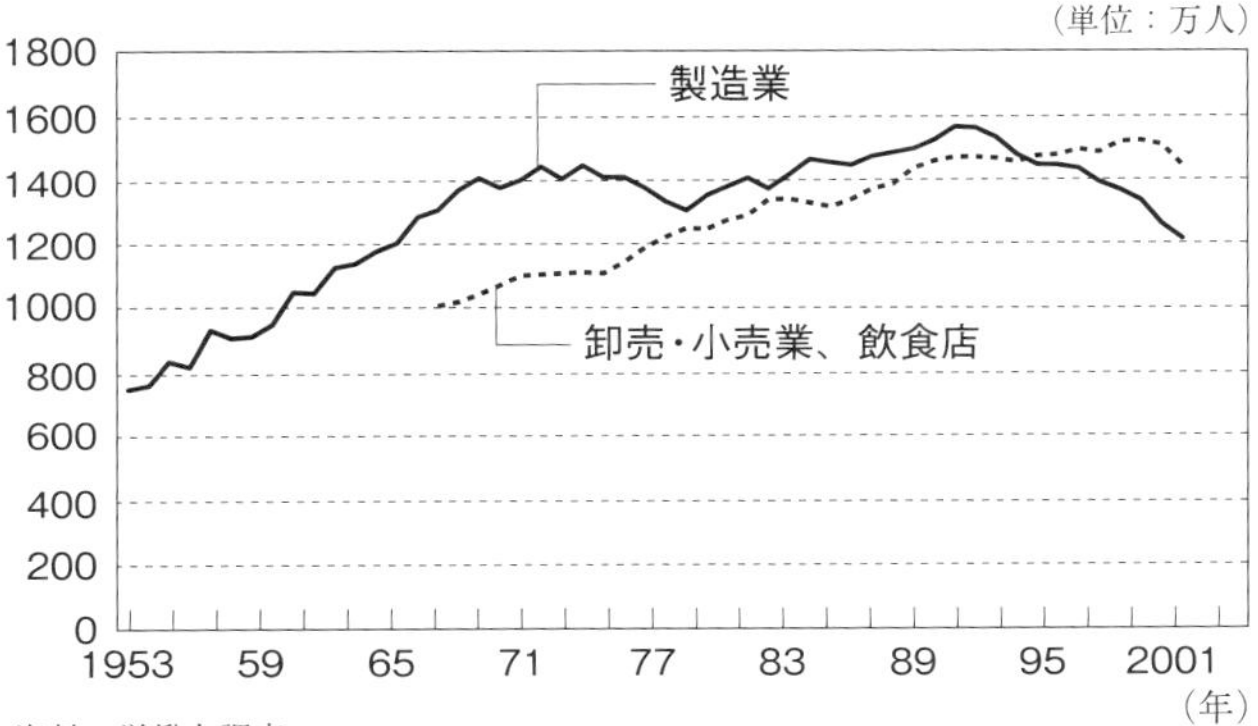

資料：労働力調査

経済全体として見ると、図表3－1に示すように、90年代以降は、製造業が縮小して、非製造業が拡大しています。

製造業の就業者は、1955年12月に800万人を突破。その後増加を続け、61年に1000万人を超え、70年に1400万人を突破しました。しかし、92年10月の1603万人がピークで、その後は減少を続けています。

95年には、卸売・小売業、飲食店の就業者が、製造業のそれより多くなりました。

第2章で見たように、鉱工業生産指数は、2005年前後から数年間の期間に増大しました。しかし、製造業の雇用には一時的な効果しか及びませんでした。

製造業がこのように縮小したのは、第2章で見たように、中国をはじめとする新興国の工業

図表 3-2　産業別就業者

（単位：万人）

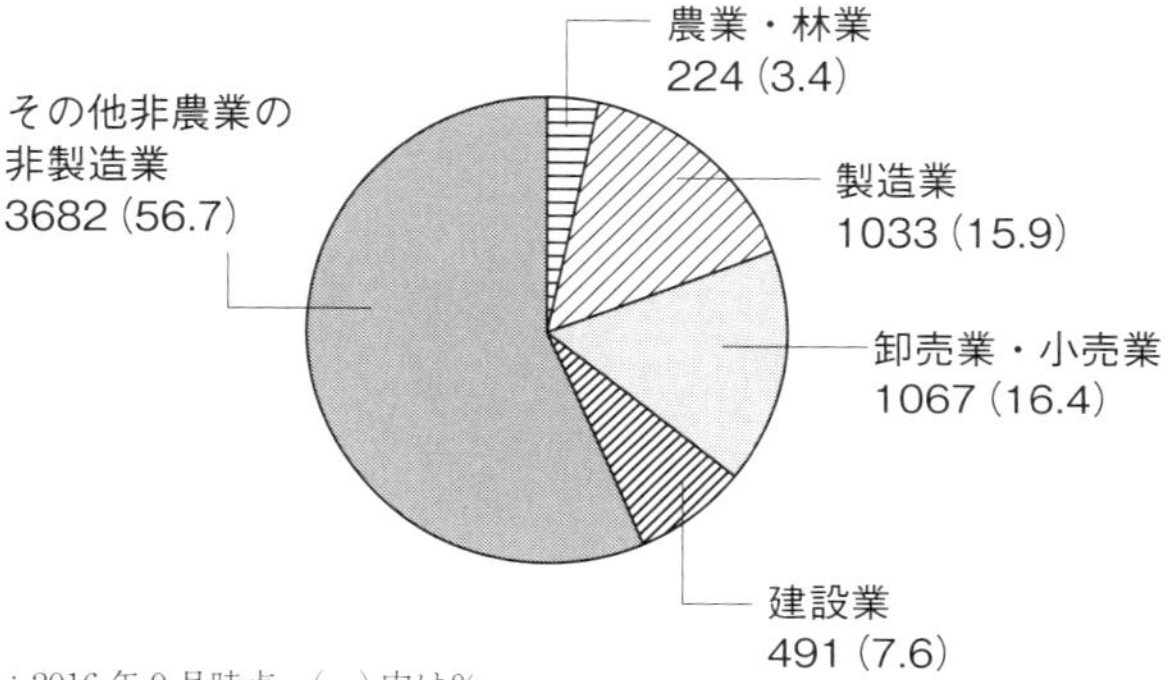

注：2016 年 9 月時点，（　）内は%
資料：労働力調査

化の影響です。日本だけでなく、世界のすべての先進国が同様の影響を受けたのです。

製造業の就業者は、16年9月時点で１０３３万人です。就業者総数に対する比率を見ると、製造業は15・９％で、卸売業・小売業の16・４％より小さくなっています（図表３－２参照）。

われわれは、製造業が中心産業であった高度成長期のイメージにとらわれており、いまでも製造業が日本の中心産業だと思いがちです。しかし、日本経済の実態は、すでにそれとは大きく異なるものになってしまっているのです。

（注）就業者は、「自営業主」「家族従業者」「雇用者」からなります。労働力調査によると、２０１６

年11月において、就業者数は6452万人、うち雇用者数は5758万人です。

なお、「雇用者」とは、本来は「労働者を雇っている人や企業」という意味ですから、雇われている人は、「被雇用者」または「被用者」と呼ぶべきでしょう。

労働供給が減少している

雇用情勢の変化を見るために、しばしば「有効求人倍率」という指標が使われます。これは、求人数を求職者数で割ったものです。これが1より高ければ、求人数が求職者数を上回っていることになります（注）。

この指標の推移を見ると、リーマンショック後、1を下回る状況が続いていました。しかし、2013年11月に季節調整値が1を超え、その後、継続的に上昇しています。16年11月には1・41となっています。

この状況は、普通、「雇用情勢の好転」と評価されます。しかし、必ずしもそうは言えません。なぜなら、労働供給の減少も、有効求人倍率を上昇させている大きな原因だからです。

実際、リーマンショック直後に大きく落ち込んだ有効求人倍率がその後大きく回復したのは、有効求人数が増えたことだけによるのではありません。有効求職者数の減少も、かなりの影響を与えたのです。

「一般職業紹介状況」（職業安定業務統計）によって、「新規学卒者を除きパートタイムを含む」について10年から13年にかけての変化を見ると、有効求人数は１４０・３万人から２１２・０万人へと71・７万人増加しました。しかし、有効求職者数も、２７０・５万人から２２９・２万人へと41・３万人減少しているのです。

13年末頃までは、有効求人数の増加が有効求人倍率上昇の主たる原因でした。しかし、その後、有効求人数はほぼ頭打ちであり、有効求職者数の減少によって有効求人倍率が上昇している側面が強いのです。

14年１月と16年11月を比べると、有効求人数は33・３万人の増加ですが、有効求職者数は33・４万人の減少で、絶対数は有効求人数の増加より多くなっています。

このように、有効求人倍率の上昇は、日本経済が拡大しつつあることの証左とは言えません。むしろ逆に、求職者数が減少することによってもたらされている面が強いのです。

「求職者が減ることによって（つまり供給の減少によって）有効求人倍率が上昇する」というのは、「雇用情勢の好転」ではなく、「人手不足」です。歓迎すべきことではなく、憂慮すべきこと、そして対策が必要なことです。

「人手不足」は、14年の初め頃から急に意識されるようになった問題です。右に述べたように、求職者数は、それより前から長期的に減少していました。しかし、これまでは求職者数が求人数より多かった（つまり、有効求人倍率が1倍未満だった）ために、表面化していなかっただけなのです。13年11月に求職者数が求人者数を下回るに至って、初めて顕在化したのです。

この傾向は、将来に向かって継続するでしょう。有効求人数は経済情勢のいかんで増えたり減ったりしますが、傾向的に増加する保証はありません。他方で、有効求職者数は、労働力人口の減少を反映して減少を続けることが、ほぼ確実です。その結果、有効求人倍率は上昇を続けるでしょう。

それだけではありません。高齢者人口が増大するために、医療・介護サービスに対する需要が増大し、この分野で多くの人手が必要となります。したがって、医療・介護以外の産業では、きわめて深刻な労働力不足が発生すると予測されるのです。この問題は、第7章で再び取り上げることにします。

（注）ここで、求人数、求職者数は、公共職業安定所（ハローワーク）を通じる求人・求職です。「有効」とは、先月から繰り越した数に、当月新たに発生した数を合計したものを指します。

平均賃金は下落している

「毎月勤労統計調査」の賃金指数によって、日本の賃金の長期的な推移を見ると、図表3－3のとおりです。調査産業計で見ると、1997年の113・6がピークでした。その後、2000年には110・5、12年には98・9まで低下しました。その後はほぼ横ばいで、15年には99・0となっています。12年の指数は、1997年の指数より12・9％低く、この15年間の平均低下率は約1％です。

なお、2004年から07年頃までは、ほぼ一定でした。その直後に生じたリーマンショックで急減したのです。

しかし、すべての産業で賃金が下落したのかと言えば、そうではありません。

賃金の動向も賃金水準も、産業別に大きな格差があります。製造業での賃金の動きは、産業全体のそれとはかなり異なります。製造業の賃金水準は高く、かつ長期的には下落していません。リーマンショック以前の時点においては、上昇していたのです。

とくに注目すべきは、1990年代後半から2000年代中頃で、産業計の賃金が下落していたにもかかわらず、製造業の賃金は上昇していました。リーマンショック前のピークは、06年と08年の103・4でした。ここまではほぼ継続的に上昇したのです。

とりわけ、02年以降の上昇が顕著です。この時期は経済全体では賃金は低下傾向だったた

図表 3-3　賃金指数の推移

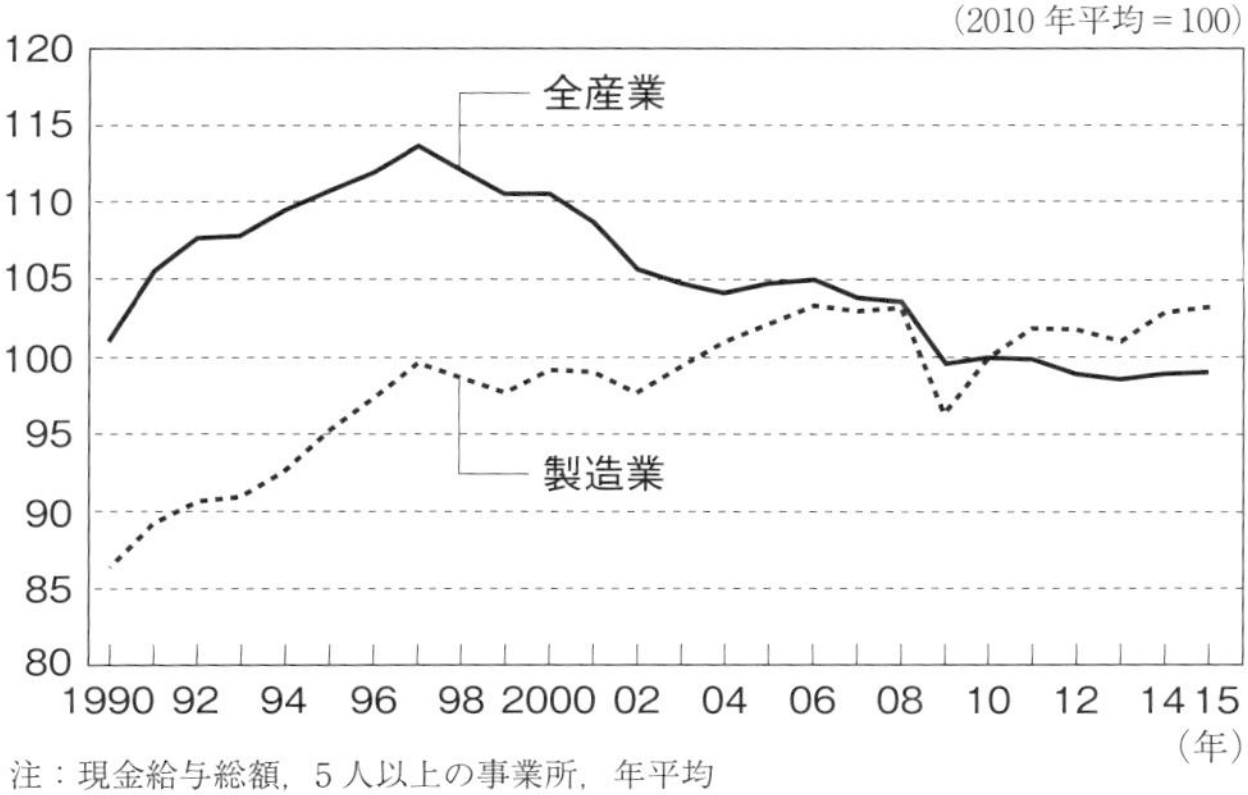

注：現金給与総額，5 人以上の事業所，年平均
資料：毎月勤労統計調査

ので、差は明白です。１９９７年と２００７年を比べると、産業計では８％低下していますが、製造業では３・８％上昇しています。

製造業の賃金は、リーマンショックで大きく低下し、09年に96・2となりました。しかし、その後回復し、12年では、１０２・２です。これは、00年の99・3より高い数字です。こうなっている原因は、統計のデータだけからは分かりませんが、製造業が生産性の高い産業であるためかもしれません。

図表３―３には示してありませんが、製造業と対照的なのが、医療・福祉業の賃金動向です。この業種では、賃金指数は趨勢的に低下しており、00年の１２０・１から

12年の99・4まで、約17％も低くなっています。また、金融業・保険業の賃金も低下気味です。とくにリーマンショック前後の変化が顕著です。

ただし、他の業種では、変化はそれほど激しくありません。卸売業・小売業では、00年の108・1から05年の99・5までは下がったものの、その後は、ほぼ不変です。リーマンショックで下がりましたが、回復しました。12年は、02年頃とほとんど同水準です。

非正規雇用が増えている

産業別に就業者が変化しているだけでなく、働き方にも変化が見られます。

「労働力調査」によると、雇用者は、2012年の5522万人から15年の5632万人へと110万人増えました。しかし、増えたのは非正規の職員・従業員であり、同期間中に1813万人から1980万人へと167万人も増加しています。それに対して、正規の職員・従業員は、3340万人から3304万人へと、36万人減少しているのです。

もちろん、「非正規だから問題で、正規ならよい」ということには直ちにはなりません。柔軟な就業体制は、原理的には必ずしも悪いことではないからです。しかし、現実には、非正規雇用に問題が多いことも事実です。

第1に、雇用が不安定です。また、社会保険の適用も十分でないことが多く、実際、企業が非正規雇用を増やす大きな理由は、社会保険の負担を避けることにあるのではないかと思われます。

第2に、次項で述べるように、パートタイム労働者の賃金は、一般労働者に対して著しく低い水準です。したがって、非正規労働が増えることは、全体としての平均賃金を押し下げることになります。

こうした事情があるので、労働者としては、非正規よりは正規を望んでいます。それを実現できないのは、大きな問題だと言わざるをえません。

安倍晋三内閣は、「同一労働、同一賃金の実現」を政策目標に掲げ、非正規労働者の待遇改善が必要であるとしています。しかし、非正規労働者の賃金が低いのは、生産性が低いことが基本的な理由です。それを改善せずに、賃金だけを高めようとすれば、雇用機会が減るだけの結果になるでしょう。重要な課題は、生産性を向上させることです。

パート労働者の賃金は著しく低い

就業（雇用）形態区分の定義は、統計によって若干異なります。右に述べた正規・非正規という区別は、「労働力調査」のものです。「毎月勤労統計調査」では、「一般」「パートタイム」という区別をしています。

「毎月勤労統計調査」では、就業形態別の給与水準が分かります。２０１６年10月の現金給与月額を調査産業計で見ると、一般労働者が34・３万円であるのに対して、パートタイム労働者は９・５万円と、27・７％の水準でしかありません。しかも、伸び率も低く、一般労働者が対前年伸び率が０・４％であるのに対して、パートタイム労働者はマイナス０・２％となっています。したがって、時間が経つにつれて、賃金格差は拡大するわけです。なお、以上の傾向は、産業別に見ても変わりません。

賃金の水準は、産業別に見ても大きな格差があります。「毎月勤労統計調査」で現金給与総額を見ると、調査産業計が26・７万円です（事業所規模５人以上、２０１６年10月）。製造業の31・１万円は、これより高くなっています。他方で、卸売業・小売業は23・２万円、飲食サービス業等は11・８万円、医療・福祉業は25・１万円と、調査産業計より低い産業があります。

非製造業の中で賃金が高いのは、電気・ガス業（46・３万円）、情報通信業（38・８万円）、金融業・保険業（36・５万円）、学術研究等（38・５万円）などです。

賃金は、基本的には労働の生産性によって決まるはずです。生産性は産業別に大きな差があるため、賃金水準は産業別に大きく異なるのです。

時系列で見ると、賃金が高い製造業が縮小し、賃金が低い非製造業（特に医療・福祉業）

が拡大しました。このために、全体の賃金が下がるのです。

このように、賃金問題とは、産業構造の問題なのです。このことが正しく認識されなければなりません。

では、右の問題の解決のためには、製造業の縮小を食い止めることが必要なのでしょうか？　そうではありません。

なぜなら、第2章で見たように、製造業の縮小は、新興国の工業化がもたらした必然の結果だからです。いかなる先進国も、この状況を覆すことはできません。

政府が春闘に介入しても賃金は上がらない

２０１４年以来、安倍晋三内閣は、春闘に介入して、企業に賃上げを要請してきました。これは、企業が利益を増加させたなら、その成果を内部留保の増加にあてるのでなく、賃上げに回すべきだとの考えに基づくものです（注）。

これは、本来民間で行なわれるべき決定に政府が介入するという意味で、まず問題です。企業は、労働の生産性などを考慮して賃金と雇用量を決めています。利益は、そうした決定の結果として残されるものなのです。「利益を人件費に山分けする」という考えは、間違っています（賞与は利益の中から支払われるので、賃金決定とは別です）。

仮に税引き後利益の増加に対応して企業が支払賃金を増やすとすれば、利益は減少してしまいます。そうした経営を（政府の圧力などにより）強制されれば、企業は雇用を削減するだけのことです。そうした不合理な経営を続ける企業は、いずれ倒産することになるでしょう。非正規労働の賃金について述べたように、重要な課題は、生産性を高めることです。

「官製春闘」にはそうした基本的問題のほかに、つぎの問題があります。それは、仮に政府の要請どおりの賃上げに成功したとしても、現在の日本では、経済全体の賃金所得増には、あまり寄与しないということです。春闘の対象は労働者の一部でしかないので、仮にここで賃金が上がっても、経済全体の賃金が上がることにはならないのです。

春闘賃上げ率として通常用いられる数字は、厚生労働省「民間主要企業春季賃上げ集計」にある数字です。04年以降の集計対象は、資本金10億円、従業員1000人以上で労働組合がある企業です。これは、大企業であり、賃金レベルも賃上げ率も、経済全体に比べると高くなっています。

毎月勤労統計調査における賃金指数の対前年比と右の集計における賃上げ率を比較すると、かなりの差があります。春闘賃上げ率と5人以上の事業所の現金給与総額対前年比の乖離は、12〜14年で約1・8〜2・8ポイントありました。

15年春闘においては、交渉前の平均賃金に対する賃上げ率は2・38％で、前年（2・

19％）に比べ0・19ポイントの増。賃上げ率は17年ぶりの水準となりました。しかし、毎月勤労統計調査における賃金指数は、ほとんど影響を受けていません。対前年比は、6月にはマイナス2・5％となりました。8月では0・4％でした。

16年春闘においては、賃上げ率は2・14％となりました。他方で、毎月勤労統計調査における賃金指数の対前年比は、5月にはマイナス0・1％となり、8月以降もほとんど増えていません。

しかも、春闘がカバーする部門では賃金は上昇していますが、就業者が減っています。他方で、春闘がカバーしない部門で就業が増え、そこで賃金が下落します。このために、全体の賃金が下落するのです。

したがって、経済の活性化は、春闘への介入によっては実現できません。この問題の解決策は、高生産性の部門が新しく登場し、そこが雇用を増加させることでしかないわけです。

（注）「内部留保」とは、利益から税や配当金などを差し引いた残りであり、社内に留保されたものです。この累計が、バランスシートの純資産の部にある「利益剰余金」として計上されています。なお、内部留保という言葉は正式の用語ではなく、決算書に「内部留保」という勘定科目はありません。

利益剰余金の推移を見ると、1990年代までは130兆円程度の水準でしたが、2000年代になってから増え始めました。とくに06年度からの増加が顕著で、08年度には約280兆円となりました。13年度から再び増加が著しくなり、14年度には354兆円となっています。

しばしば「内部留保は現預金などで保有されている」と考えられていることが多いのですが、利益剰余金と資産の各項目の間に対応関係はありません。

日本では高度サービス産業が発達していない

第2章で述べたように、先進国は製造業から脱却し、高度サービス産業に移行すべきです。アメリカ、イギリスでは、そうした転換が進んでいます。ところが、日本では進んでいません。それは、雇用統計の上でも確認することができます。

産業別就業構造を日米で比較すると、製造業の就業者が2008年から13年にかけて約1割減った点では、両国とも同じです（アメリカは10・4％減、日本は9・7％減）。製造業の縮小傾向は、先進国に共通する現象なのです。違いは、次の3点です。

まず、就業者全体に対する製造業就業者の比率が、アメリカでは低い（13年で8・5％）のですが、日本ではまだ高い値（16・5％）です。

その半面で、生産性の高いサービス産業の就業者が、アメリカでは成長しているのに対して、日本では成長していません。

アメリカの高度サービス産業の成長は、長期的に続いています。１９９８年と２０１３年を比べると、製造業の就業者は31・7％減少したのに対して、高度サービス産業（専門的・科学的・技術的サービス、経営、管理）の就業者は5・9％増加しました。その結果、就業者におけるシェアは高くなっています。専門的サービスが5・8％、経営が1・5％、管理が5・9％です。これらに金融・保険の4・2％を加えると、合計は17・4％で、製造業8・5％の2倍を超えます。つまり、脱工業化が進んでいるのです。

他方、アメリカでは高い成長を示す金融・保険業の就業者のシェアが、日本では小さくなっています。「労働力調査」の産業別就業者で見ると、13年において、金融・保険業が2・6％、学術研究・専門・技術サービス業が3・3％です。これらの和は、製造業16・5％の3分の1程度でしかありません。もちろん、産業分類は日米で同一ではないので、厳密な比較はできません。しかし、アメリカで高度なサービスが成長し、日本で育っていないことは間違いありません。

もう一つの重要な違いは、アメリカと違って、高度サービスが統計で別掲されていないことです。これは、こうしたサービス供給が産業として存在していないことの反映です。アメリカの統計で「経営」や「管理」といった項目が別掲されているのは、こうしたサービスが、個別企業の枠内に閉じ込められたものではなく、市場を通じて供給されるものになっていることの反映です。そして、それらのサービスがアメリカ経済の成長を牽引しているのです。

つまり、製造業やサービス産業という従来の産業分類が、急速に時代遅れのものになりつつあるのです。従来の概念では把握できない経済活動の重要性が増しているのです。日本の雇用統計では、こうした職業は個別産業から分離されていません。これらは企業の枠内に限定されたサービスであり、市場によって供給されるサービスではないからです。

では、どうすれば高度サービス産業を発展させることができるでしょうか？　この問題は、第11章で考えることとします。

第４章

ピケティの仮説では日本の格差問題は説明できない

日本の所得分配をデータで見る

所得分配の格差がしばしば問題とされます。格差はなぜ発生するのでしょうか？　格差は拡大しているのでしょうか？　もし拡大しているとすれば、何が原因でしょうか？　そして、それに対していかなる対策が必要でしょうか？

「格差はマクロ変数で説明できる」とするピケティの議論が日本でも大きな反響を呼びましたが、その理論によっては日本の格差問題を説明できないことを指摘します。

◇◇◇◇◇◇◇◇◇◇◇◇◇◇◇◇◇◇

所得に占める資本所得の比率は上昇していない

第2章と第3章では、日本の産業構造と就業構造が大きく変化していることを見ました。第3章では、賃金の伸び悩みや、正規労働者と非正規労働者の賃金格差が拡大していることも見ました。一方で、2013年から14年にかけては、企業利益が増大し、株価が上昇しました。こうしたことを背景に、格差問題に対する関心が高まっています。

所得格差は、昔から、資本家と労働者の利害対立の問題として捉えられてきました。労働者の所得は、主として賃金所得です。資本家の所得は、利子所得、配当所得、所有資産の価値の増加などからなります（実際のデータで何を資本家の所得とみなすかは、これから説明します）。

資本所得は高所得者の所得である場合が多く、しかも資産は相続によって同一家系の中で受け継がれます。したがって、所得に占める資本所得の比率が上昇すると、所得格差が拡大するのではないかと思われます。こうした観点から問題とされるのは、労働者に対する報酬である賃金所得と資本保有者に対する報酬である資本所得が、どのような比率になるかです。

経済が成長して資本蓄積が進めば、所得に占める資本所得の比率は上昇するように思われるかもしれません。しかし、経済理論はこれとは異なる結論を導いています。なぜなら、資本蓄積が増えると、資本の収益率が低下すると考えられるからです（ここでは証明を省略しますが、一定の仮定の下で、賃金所得と資本所得の比率は一定になることを理論的に示すことができます）。

このことは、日本での現実のデータでも確かめることができます。つまり、資本所得の比率は、時系列的に上昇していないのです。その詳細を以下に見ましょう。

資本所得としてＧＤＰ統計における「営業余剰」を取り、この対ＧＤＰ比について実際のデータを見ましょう。「営業余剰」とは、生産された付加価値のうち、企業に分配されるものです。付加価値の総額から雇用者所得などを差し引くことにより推計されています。図表４－１のとおり、長期的に見て、日本ではこの比率は、顕著に低下しています。

まず、１９５０年代から90年代までの期間において、40％から20％へとほぼ半減しまし

図表 4-1　雇用者所得と営業余剰の推移（対 GDP 比）

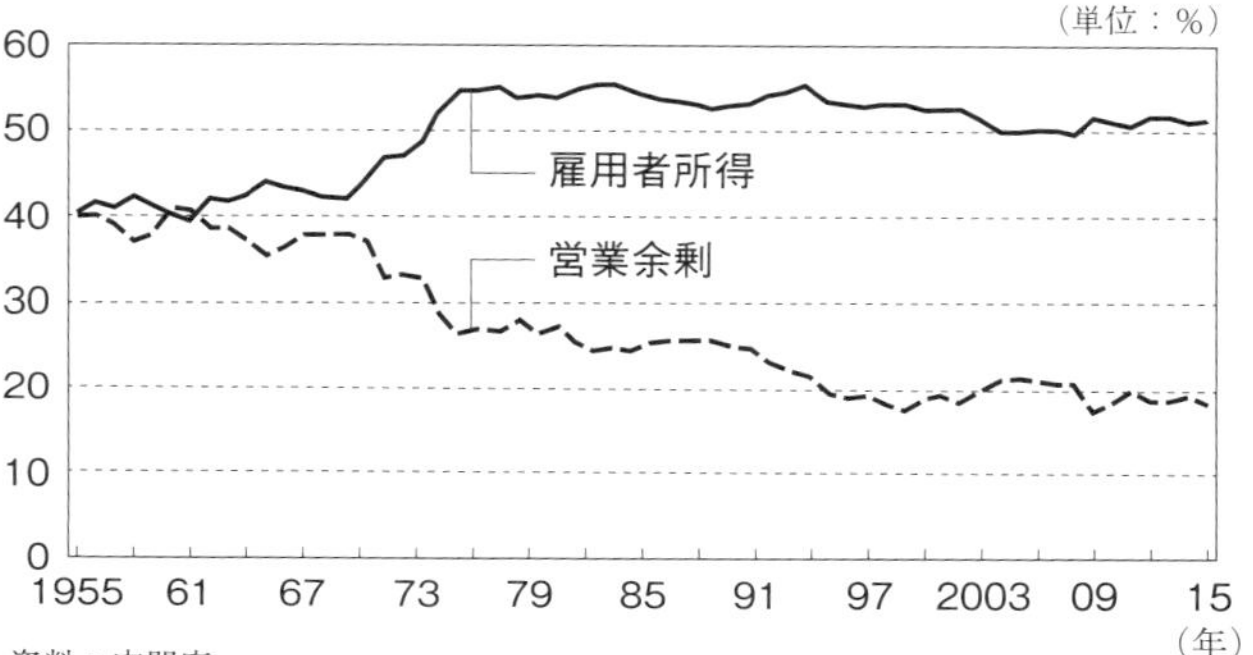

資料：内閣府

た。これは、高度成長の過程において、自営業が減少し、被用者が増えたためでしょう。実際、この間に雇用者所得の対GDP比は、40%程度から55%程度へと上昇しました。

2000年頃以降を見ると、雇用者所得の対GDP比は50%程度であり、営業余剰の対GDP比は20%程度であって、それぞれ安定的です。

つぎに、法人企業統計によって資本所得の推移を見ましょう。この統計は、経済全体ではなく、法人企業という経済の一部だけを対象としています。しかし、きわめて詳細なデータを長期間について提供する貴重な情報源です。生産活動のほとんどは法人部門で行なわれるので、この部門を分析することによって、所得が生み出される過程をかなり詳細に知ることができます。

この統計における「営業利益」の中には、支払利息、配当金、社内留保という資本所得が含まれています（社内留保は、株主のキャピタルゲインという形で所得になります）。そこで、営業利益を資本所得と見なし、従業員給与を労働所得と見なすことにしましょう（なお、支払利息、配当金、社内留保の合計の営業利益に対する比率は、１９８０年代まではほぼ１００％でした。その後低下しましたが、最近では再び１００％程度に戻っています）。

営業利益に対する従業員給与の比率を見ると、98、99年度頃の期間と２００９年度頃に上昇しました。それは、景気後退の中で従業員所得がほぼ一定にとどまり、他方で景気変動で大きな影響を受ける営業利益が急減したことによります。この影響を除くと、１９７０年代の初め以降、長期的に見て、この比率は３～４程度の水準で安定です。

なお、60年代にはこの比率は2ないしそれ未満の水準なので、長期トレンドでは、営業利益に対する従業員給与の比率は上昇しています。

なお、営業利益に対する従業員給与の比率は、２００９年以降現在までは低下傾向ですが、これは09年度にこの比率が急上昇したことの調整と見るべきでしょう。

以上のように、法人企業統計のデータにおける「従業員給与」を労働所得、「営業利益」を資本所得と考え、かつ景気変動による変動をならして見ると、１９７０年代後半以降、労働所得は資本所得のほぼ3倍です。60年代と比べると、この比率は上昇しています。

すでに述べたように、ここでは、支払利息、配当金、社内留保を資本所得としています。これらの相対的な大きさは変動しています。

支払利息、配当金、社内留保が営業利益に占める比重を見ると、支払利子の比率が、90年代の後半以降、顕著に低下しています。70年代から90年代前半にかけては70％程度でしたが、2004年には20％程度に低下しました。これは、借入金が減少したことと、長期金利が低下したことの結果です。

これに対して、配当の比率は上昇しています。1970年代から80年代には10％程度でしたが、最近では30％を超える水準になり、40％を超えたこともあります。社内留保の比率は変動が大きいのですが、90年代後半以降は上昇傾向にあると見ることができます。

以上の結果をまとめると、「資本所得の比率の上昇」という傾向は、GDP統計でも、法人企業統計でも確かめられないわけです。

ピケティの議論は日本には当てはまらない

トーマ・ピケティは、『21世紀の資本』（みすず書房）で、所得格差に関する新しい見方を示しました。

これまで、所得格差は税制をはじめとする制度的な要因によって大きく影響されると考えられてきたのですが、ピケティは、格差拡大のメカニズムは簡単なマクロ経済的関係で説明できるとしたのです。このため、彼の著作は大きな話題となりました。

ピケティの議論で重要な役割を果たす変数は、つぎの2つです。

（1）第1は、「所得に占める資本所得の比率」です。これは、前項で検討した変数です（彼は、これをαと呼んでいます）。

ピケティは、この変数が時系列的に上昇するとし、それが格差拡大の基本的要因だと主張します。なぜαが上昇するのかは、（2）で説明します。

すでに述べたように、資本所得（株式の配当金や預貯金の金利収入、そして資産の値上がり益）の稼得者は高所得者である場合が多く、また、資本所得を生み出す資産は遺産によって受け継がれていきます。したがって、彼は、「所得に占める資本所得の比率」が上昇することは格差を拡大するとしたのです。

（2）第2の重要な変数は、「資本と所得の比率」、つまり$\frac{資本}{所得}$です（彼は、これをβと呼んでいます）。「資本」とは、生産面から見れば、第1章で説明したように、工場や機械といった生産設備などです。ピケティは、この変数βを用いて、「所得に占める資本所得の比率」（α）が時系列に高まっていくと考えました。

彼の主張の概要は、つぎのとおりです。

まず、「資本と所得の比率」（β）が、時系列的に上昇します。その理由はつぎのとおりです。

$\frac{\text{資本}}{\text{所得}} = \frac{\text{貯蓄率}}{\text{成長率}}$ の関係が成り立ちます（その理由は注1を参照）。ところで、成長率が低下する一方で、貯蓄率が一定であれば、$\frac{\text{資本}}{\text{所得}}$ は上昇します。

次に、そうなると、「所得に占める資本所得の比率」（α）が上昇することになります。なぜなら、資本所得とは、資本に資本収益率を乗じたものであるため、「所得に占める資本所得の比率」（α）は、「資本と所得の比率」（β）に資本収益率を乗じたものになります（注2を参照）。したがって、資本収益率が変わらないという前提では、「資本と所得の比率」（β）が上昇すれば、「所得に占める資本所得の比率」（α）は上昇します。

ピケティは、21世紀において、「所得に占める資本所得の比率」（α）は、18、19世紀に並ぶほどの高水準になるとしています。

ピケティは、以上の関係が実際のデータで確認されるとしています。しかし、右に見たように、日本では、労働所得と資本所得の比率はほぼ一定であって、上昇していません。したがって、所得に占める資本所得の比率もほぼ一定であって、上昇していません。つまり、ピケティの主張（1）は日本では成り立っていないのです。

では、なぜそうしたことになるのでしょうか？　それは、（2）に関する彼の主張が日本では成立していないからです。これについて、以下に見ることとします。

（注1）この注では、なぜ $\frac{\text{資本}}{\text{所得}}=\frac{\text{貯蓄率}}{\text{成長率}}$ が成立するかを示します。

$\text{貯蓄率}=\frac{\text{貯蓄}}{\text{所得}}$、$\text{成長率}=\frac{\text{所得増加額}}{\text{所得}}$。したがって、$\frac{\text{貯蓄率}}{\text{成長率}}=\frac{\text{貯蓄}}{\text{所得増加額}}=\frac{\text{資本増加額}}{\text{所得増加額}}$。

ところで、$\text{成長率}=\frac{\text{所得増加額}}{\text{所得}}$ であり、$\text{資本成長率}=\frac{\text{資本増加額}}{\text{資本}}$。

均衡成長では、これらは等しいので、$\frac{\text{所得増加額}}{\text{所得}}=\frac{\text{資本増加額}}{\text{資本}}$。したがって、$\frac{\text{資本増加額}}{\text{所得増加額}}=\frac{\text{資本}}{\text{所得}}$。

以上から、$\frac{\text{資本}}{\text{所得}}=\frac{\text{貯蓄率}}{\text{成長率}}$。

（注2）所得に占める資本所得の比率 $\alpha=\frac{\text{資本所得}}{\text{所得}}=\text{資本収益率}\times\frac{\text{資本}}{\text{所得}}=\text{資本収益率}\times\beta$

資本収益率の低下が大問題

つぎに、ピケティの議論で重要な役割を果たす資本収益率について見ましょう。ピケティはこの値を一定としているのですが、日本では、いくつかの指標で見て、高度成長期から現在にいたる間に、顕著な低下傾向が見られます。

これは、まずGDPデータで確かめることができます。GDPデータにおける営業余剰

図表4-2　資本収益率（営業余剰／国富）の推移

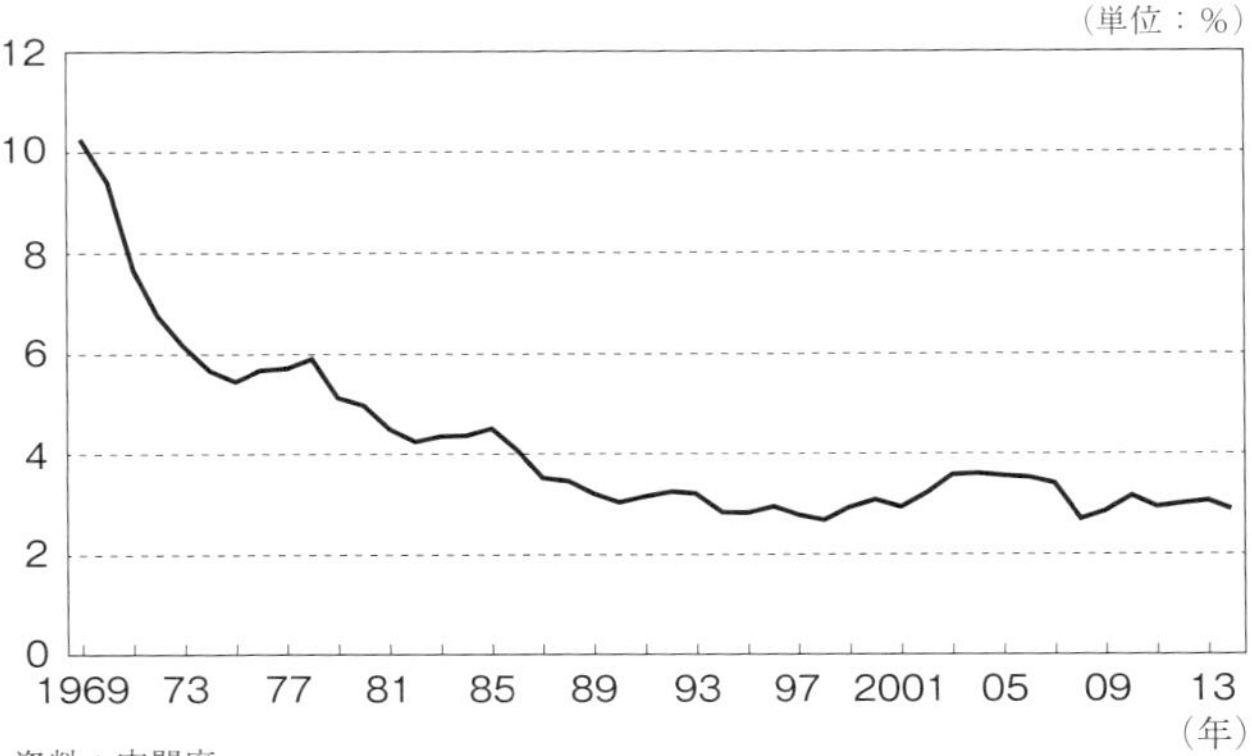

資料：内閣府

の国富に対する比率を資本収益率と考えると、図表4－2のとおりです。

　1960年代末には10％を超えていました。しかし、70、80年代を通じて継続的に低下し、90年代後半には3％を割り込むまでになりました。最近の数字は1・5％程度です。

　資本収益率は、法人企業データにおける「総資本営業利益率」によって見ることもできます。この推移は、第2章の**資本収益率が傾向的に低下**の項で述べました。60年代においては7％程度であったのですが、70年代以降4～5％程度に低下し、さらに90年代後半以降は3％程度になっています。顕著に低下したという点では、GDPのデータと同じ傾向です。

　以上は全産業についてですが、製造業の利

益率低下は、もっと顕著です。すなわち、60年代には8〜10％程度であったものが、２０１０年頃には３％未満になりました。下落率が最も大きかったのは、１９９０年代の前半です（なお、２０１３年度には、円安の影響で４％近くにまで回復しています）。

非製造業は、同期間に６％程度から３％程度に低下しました。このように、製造業よりは低下が緩やかです。

製造業の利益率が低下したのは、中国など新興国の工業化の影響と考えられます。非製造業は、そうした影響を製造業ほどは強く受けなかったので、利益率の低下が製造業ほどには激しくならなかったと考えられます。

日本の貯蓄率は急激に低下した

つぎに、貯蓄率について見ることとしましょう。貯蓄率にはさまざまな概念があります。ここでは、ＧＤＰベースの貯蓄率を見ます。これは、家計の貯蓄のみならず、企業や政府の貯蓄をも含む広義の概念です（具体的には、「国民可処分所得と使用勘定」における「貯蓄」と「国民可処分所得」の比）。

この定義による貯蓄率は、１９６９、１９７０年度には30％を超えていました。しかし、２０１１、２０１２年度には１％を下回るまでに低下してしまいました（図表４－３）。

図表 4-3　貯蓄率の推移

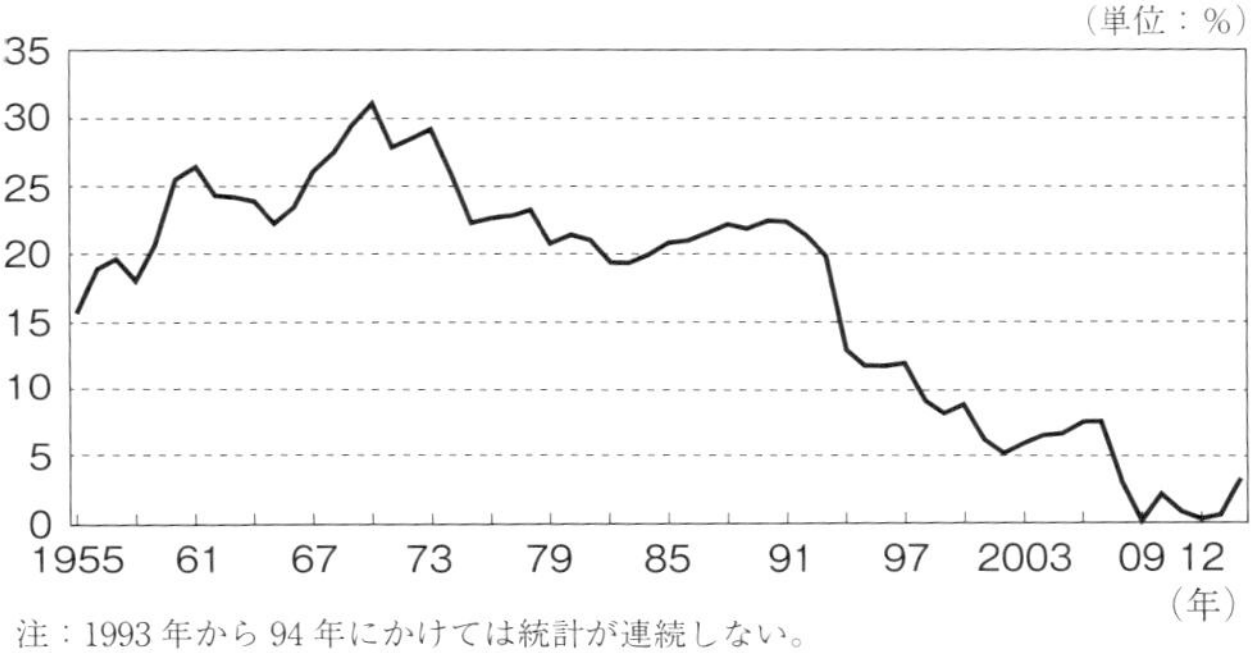

注：1993 年から 94 年にかけては統計が連続しない。
資料：内閣府

日本の貯蓄率が高度成長期に世界的に見て稀に見るほど高かったために、いまだに日本の貯蓄率が高いと考えられることがあるのですが、実際には、このように非常に大きな変化があったのです。

以上で見たように、日本において資本収益率や貯蓄率が低下しています。なぜこのようなことになったのでしょうか？

資本収益率についてまず最初に考えられるのは、資本蓄積が進めば資本収益率が下がるという経済法則です。労働量を一定にして資本量だけを増加していけば、資本が比較的過剰になるためにその収益率が低下することが、経験的にも観測されます。これは、「限界生産力逓減則」と呼ばれます。そうした効果は否定できません。

しかし、日本の場合には、第2章で述べたように、新興国の工業化で高度成長期の製造業のビジネスモデルが時代遅れになったことの影響が大きいでしょう。

貯蓄率についてはどうでしょうか。これを低下させた大きな原因は、世界でも稀に見るほど急速かつ急激に生じた人口構造の高齢化です。人々は若年期に労働所得を貯蓄し、退職後にそれを取り崩して生活資金にあてます。したがって、人口高齢化が進むと貯蓄率が低下します。

もう一つの原因は、政府の財政赤字が著しく拡大したことです（ここで見ている貯蓄は、前述のように経済全体の貯蓄であり、政府の貯蓄も含まれます。財政赤字の拡大は、政府貯蓄の減少を意味します）。これは、社会保障支出の増大が大きな原因であると考えられます。したがって、これも人口高齢化の結果であると考えることができます。

一般政府部門（国と地方公共団体の合計から企業活動を行なっている部門を差し引いたもの）の貯蓄（税収入等から政府消費支出を差し引いたもの）のＧＤＰに対する比率は、１９６０年度には６・３％だったのですが、98年度には１・３％にまで低下しました。なお、この間に家計の貯蓄のＧＤＰに対する比率は、９・９％から９・６％に変化しています。

資本と所得の比率に上昇傾向が見られるか？

つぎに、資本と所得の比率、つまり $\frac{資本}{所得}$（ピケティのβ）について見ましょう。

まずGDP統計のデータを用いて検討します。

ここでは、「資本」として、GDP統計における正味財産（国富）（暦年末）の数字をとりましょう。そして、これとGDP（国内総生産）の比率を見ます（図表4－4）。

高度成長期において、この比率は上昇しました。すなわち、1960年代の末には4程度であったものが、86年に7を超えました。

80年代後半のバブルのなかで、この比率は急上昇し、90年には9を超えました。しかし、バブル崩壊で比率は急低下し、その後も低下を続けました。そして、2000年代の前半には8を切る水準にまで低下しました。その後若干回復しましたが、7・7程度でほぼ一定です。

「資本」として民間正味資産をとって対GDP比を見ると、90年には8・5でしたがその後急激に低下し、94年には6を割り込みました。その後は、ほぼ5・5から6の間で安定的です。

つぎに、法人企業統計で見るとどうでしょうか？　資本と所得の比率は上昇しています。とくに90年代以降の上昇が顕著です。

固定資産対付加価値の比率を見ると、1960年代から80年代半ばまではほぼ1・5程度であったものが、80年代後半から上昇し、最近では3程度の値になっています。

図表 4-4　資本と所得の比率の推移

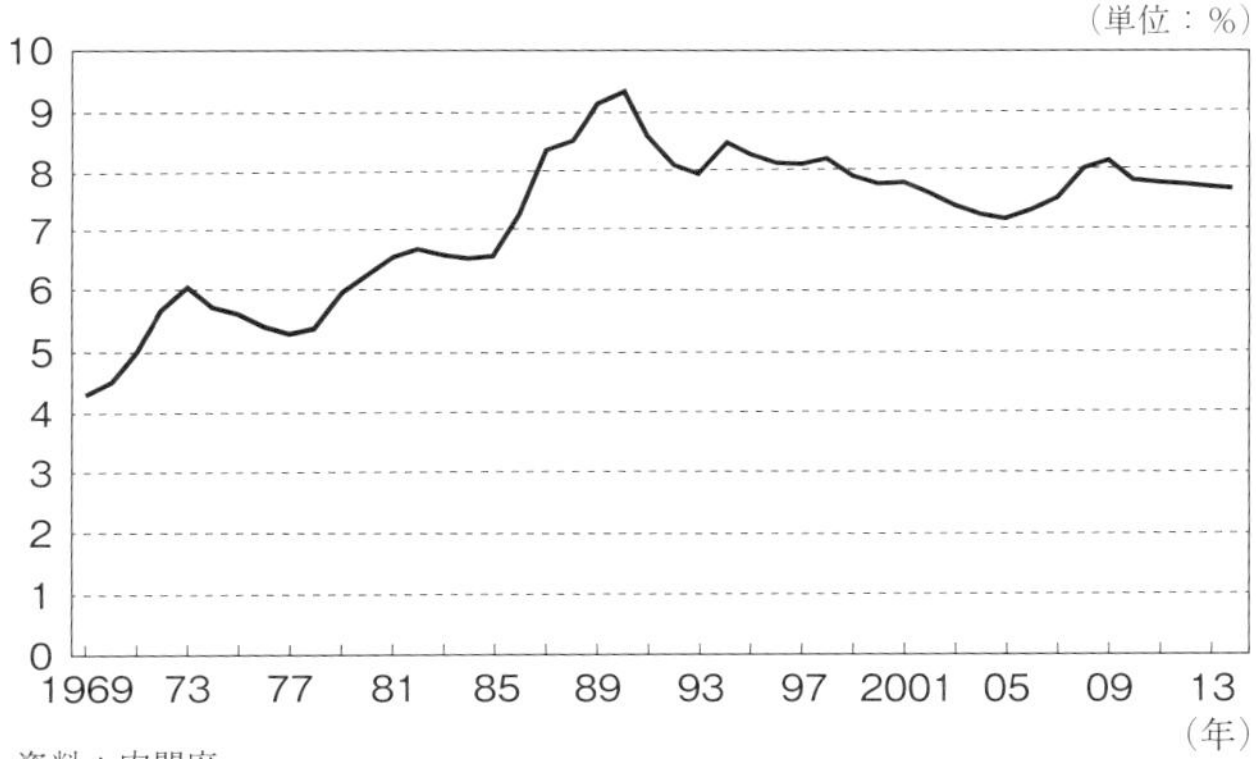

資料：内閣府

固定資産対従業員給与の比率は、80年代以降上昇しています。つまり、資本蓄積が進んでいます。このように、日本の場合、資本蓄積は法人企業の中で進んでいるということができるでしょう。

GDPのデータではこの比率の傾向的上昇という結果が得られないのは、第1には、GDP統計では、法人部門以外に、政府部門や家計部門など、生産活動に対する寄与が小さいセクターも含まれているためでしょう。第2には、「資本」として、正味財産（国富）をとったことが影響しているかもしれません。ここでは、法人企業統計の固定資産のデータをとりました。なお、有形固定資産をとった場合にも、付加価値に対する比率は上昇しています。

以上を要約すれば、つぎのとおりです。

第1に、資本と所得の比率（ピケティのβ）が時系列的にどう変化しているかは、統計によって異なります。ただし、ピケティの議論（貯蓄率が一定で成長率が低下するからβが上昇する）は、日本では成立しません。なぜなら、貯蓄率が顕著に低下しているからです。

第2に、所得に占める資本所得の比率（ピケティのα）に上昇傾向は見られません。

格差縮小のために地道な努力が必要

以上で述べたのは、格差問題が重要でないということではありません。まったく逆であって、日本においても、格差はますます重要な問題になっています。ジニ係数で見た所得の不平等度は、悪化しています（注）。

以上で指摘したのは、日本の格差問題が、ピケティの言うように資本所得の比率（α）の上昇によって説明できるものではないということです。

格差の原因としてこれまで指摘されてきたのは、税制をはじめとする経済制度的要因です。日本の場合も、それによって格差は大きな影響を受けます。

厚生労働省の「所得再分配調査」によれば、2011年のジニ係数は、当初所得の0・55から、税と社会保障による再分配政策で0・38へと改善しています。つまり、再分配政策は、格差に大きな影響を与えるのです。したがって、格差是正のための政策的な努力が必要です。

日本の税制は、労働所得に対する課税が中心になっています。その半面で、相続税や固定資産税など、資産に対する課税は不十分です。また、利子所得や配当所得など金融資産からの所得は、他の所得と合算されて課税されてはおらず、累進税率が適用されないなど、その課税は不十分なものと考えざるを得ません。この状態を変える必要があります。また、社会保障給付（特に介護保険給付）に資産制約（多額の資産を保有する人に対しては、支給を制限する措置）を導入すべきです。

２０１３年から14年頃にかけては、円安によって製造業の収益が増大し、株価が上昇しました。しかし、大企業と小企業で利益の動向に著しい格差があります。利益が増加しているのは主として大企業であり、小企業の利益は停滞ないし減少しています。したがって、資本所得の中でも格差が発生しているわけです。

また、第5章で見るように、円安になることは、日本の労働者の賃金が切り下げられるのと同じ効果をもたらします。したがって、円安は労働所得に不利に働きます。この状況を是正する必要があります。

法人税減税は、配当所得を増やします。また、内部留保を増やすことで、株主の資産を増大させることにも注意が必要です。

法人企業統計で注目されるのは、資本所得の構成にかなり大きな変化が見られることです。具体的には、支払利子の減少と社内留保の増大です。企業が借り入れを減少させ、また金利も低下しているので、こうした変化が起きています。社内留保の増大は、資本所得を増大させます。

ところで、株式や不動産の値上がり益（キャピタルゲイン）に対する課税は不完全です。これらの資産を売却して得られる所得（これを「実現されたキャピタルゲイン」と言います）にも、さまざまの軽減措置があります。さらに、資産が売却されずに保有されたままの状態における資産価値の増加（これを「未実現キャピタルゲイン」と言います）にいたっては、まったく課税されていません（これは、日本の特殊事情ではなく、どこの国でも同じです）。

したがって、資本所得が利子という形からキャピタルゲインという形に移行していくことは、資本所得の課税がより不完全になることを意味します。こうした事態に対しては、資産保有そのものに課税することが必要になります。しかし、資産（とくに金融資産）保有状況の把握が困難であること、政治的な抵抗が強いことなどから、資産保有に対する課税は大きな困難を伴います。これをどう解決してゆくかが、今後の大きな課題です。

（注）ジニ係数とは、所得分配の不平等度を測る指標で、ローレンツ曲線（所得分配の状態を示す曲線）から計算されます。ジニ係数が0であることは、すべての人の所得が同一で、格差がない状態を表します。ジニ係数が高くなるほど不平等度が増大します。

第５章

物価の下落は望ましい

物価決定のメカニズムと経済への影響

本章の前半では、1990年頃以降の長期間にわたっての、物価動向の推移につき述べています。新興国の工業化とIT革命によって、工業製品の価格が著しく低下しました。他方でサービスの価格は上昇したため、相対価格が大きく変化しました。これは、すべての物価が一様に下落する「デフレ」とは異なる現象です。後半では、2013年頃以降の期間についての物価動向を見ます。

「物価下落が日本経済不調の原因だ」との考えがしばしば主張されますが、これが誤りであることを指摘します。

◇◇◇◇◇◇◇◇◇◇◇◇◇◇◇◇◇◇◇◇◇◇◇◇◇

いくつかの物価指数

物価指数としては、いくつかのものがあります。

まず「消費者物価指数」(CPI)があります。これは、家計が購入する財とサービスの価格を総合した物価の変動を表すものです。

つぎに、「企業物価指数」があります。これは、企業間で取引される商品の価格に関する指数で、「国内企業物価指数」「輸出物価指数」「輸入物価指数」の3つがあります。

日本の消費者物価水準は、後の項で説明するように、ほとんど輸入物価によって決定されます。国内の需給関係が影響を与えるということは、ほとんどありません。

図表5-1　消費者物価指数（生鮮食品を除く総合）の対前年同月比

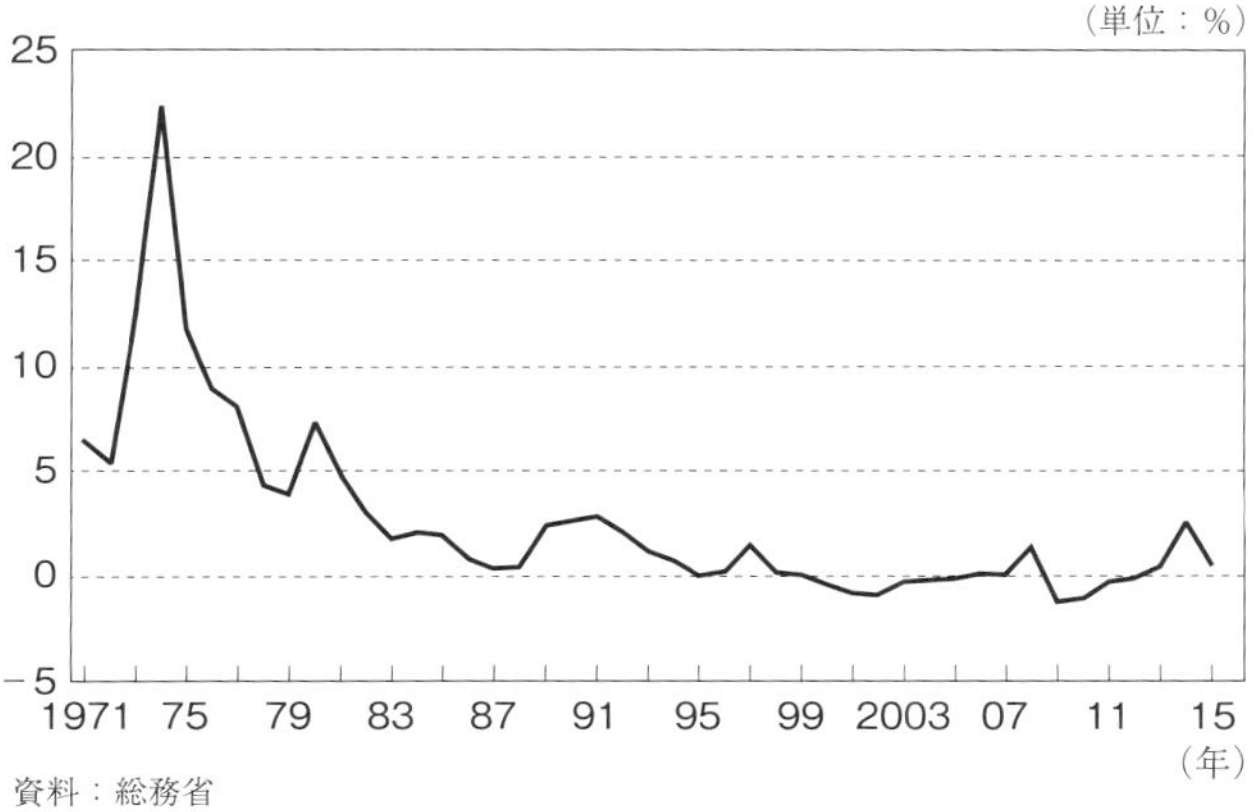

資料：総務省

輸入物価に影響を与える大きな要因は、第1には為替レート、そして第2には海外での市場価格です。ここ数年を見ても、この2つによって大きく影響を受けました。

長期的に見ると、工業品の値下がりが消費者物価指数に影響を与えています。

消費者物価上昇率は長期的に低下している

消費者物価指数（コア物価指数：生鮮食品を除く総合）の推移を見ると、図表5－1に示すとおりです。

1970年代の石油ショック前までの期間では、消費者物価の対前年増加率は、5～7%程度でした。

70年代には、激しい価格上昇がありました。これは石油ショックによって原油価格が急上昇したためです。

80年代には、原油価格は安定化しました。このため、消費者物価の対前年増加率も、80年代の初めから傾向的に低下し始めました。

そして、80年代後半には、ゼロに近づきました。

90年代になってからは、消費者物価はほとんど上昇しなくなりました。90年代末からは、伸び率がマイナスの年が多くなりました。リーマンショック前で伸び率がプラスになったのは、円安期であった2006年から08年頃だけです。1998年以降2013年まででで年間上昇率が1%を超えたのは2008年のみですが、これは原油価格が高騰した結果です。

00年以降も消費者物価の下落傾向が続いています。これが一般に「デフレ」と呼ばれるものです。なお、08年の物価水準は、1970年の水準の3倍程度です。

工業製品価格が著しく低下し、サービス価格が上昇

右に見たように、物価上昇率は、1990年代以降顕著に低下しました。なぜこのような現象が生じたのでしょうか?

第1の要因は、80年代まで続いた原油価格の値上がりが終わったことです。90年代にな

って、インフレのない成長が可能になったのです。
しかし、それ以外の要因もあります。これを見るため、70年以降の期間について、いくつかの品目についての消費者物価指数の変化を示しましょう。品目別に見ると、つぎのようなグループに分けることができます。

・食料品など

これは、総合とほぼ同じ動向を示しています。ここには、食料品、衣料、保健医療、交通通信などが含まれます。家賃、光熱費なども、似た動きです（エネルギー価格、電気価格は、70年代に大きく上昇して2～3倍になりましたが、その後は落ち着いた動きを示しています。これは、原油価格の動向とほぼ同じものです）。

・工業製品

工業製品は、80年代以降著しい下落を示しています。とくに、エレクトロニクス製品の値下がりは、きわめて顕著です。テレビ受像機の価格は、70年に比べると、11分の1未満になってしまいました。

「工業製品の価格低下」という現象は、90年代から現在まで続く長期的な傾向です。この最も大きな原因は、新興国の工業化です。中国をはじめとする新興工業国が、低賃金労働力を使って安価な工業製品の大量生産を行なえるようになったために、工業製品の価格が大きく下落したのです。

・サービス

総合よりも上昇率が高くなっています。水道工事費は12倍以上に、家事サービスは5倍以上になりました。

大きく変わった相対価格

以上で見た長期的な価格変化の結果、サービスと工業製品の相対価格は、大きく変わりました。

大雑把に言えば、1990年に比べると、サービス価格がほぼ2割上昇した一方で、工業製品価格は半分以下になりました。したがって、相対価格は、この20年間に2・4倍程度は変化したことになります。

70年と比べると、変化はもっと大きくなっています。2008年までに、工業製品価格は10分の1程度になったのに対して、サービス価格が5倍程度になりました。したがって、相対価格も50倍程度も変化したことになります。

これは全体についての平均的な数字ですが、細かく見れば、差はもっと大きい場合があります。たとえば、1970年と最近時点でテレビと水道工事費を比較すれば、相対価格は143倍も変化したのです。つまり、テレビ1台を買うための水道工事の仕事時間は、143分の1に減少したことになります。70年には一年中働いてやっとテレビを買ったのだとすれば、いまや3日弱働けばすむようになったのです。

これは、極端な例だと思われるかもしれません。しかし、決してそうではありません。価格下落がもっと激しいものもあります。それはコンピュータです。70年代の大型コンピュータは、1台1億円程度はする機械でした。それがPC（パソコン）になって、価格は10万円程度になったのですから、1000分の1程度に下落したことになります。

では、工業製品の価格はなぜこうも下落したのでしょうか？　主要な原因は2つあります。それは、冷戦の終結とIT（情報技術）の進歩です。

冷戦が終結し、それまで西側経済圏とは分離されていた社会主義圏が世界経済の一環として取り込まれました。また、第2章で述べたように中国が工業化しました。こうした過程を通じて労働力が急増したため、製造業の製品価格が下落したのです。

製造業の製品は国境を簡単に越えられるため、価格低下は世界中に広がりました。エレクトロニクス製品に関しては、労働力の増加とITの進歩という2つの要因が働いたため、驚くほどの価格低下が生じたのです。

消費者物価は需要面から影響を受けていない

日本の消費者物価指数は、需要面の変化によっては、ほとんど影響を受けていません。これは、つぎの2つの事実によって確かめられます。

第1に、すでに見たように、価格下落は一様でありません。工業製品の価格は顕著に低下しましたが、サービス価格はほとんど低下しませんでした。仮に需要減退が原因であるなら、工業製品に対する需要がより大きく減少したのだと言わざるをえませんが、そんなことはもちろん生じていません。

第2に、2008年のリーマンショックで総需要が激減したにもかかわらず、消費者物価はほとんど影響を受けませんでした。それどころか、08年には上昇したのです。この原因は、原油価格の上昇です。最近では、14年夏頃からの原油価格下落が、消費者物価上昇率低下の大きな原因となっています。

現在の経済では、貿易可能な工業製品価格は、世界経済の条件（とりわけ、新興工業国の供給条件）によって、外生的に決まる側面が強いのです。したがって、「国内の需要が減少するため価格が下落する」という認識は、誤りです。

「デフレが経済を悪化させる」との考え

日本では、「現在の日本経済が抱える最大の問題はデフレである」とか、「デフレから脱却しなければ日本経済は活性化しない」とする考えが広く信じられています。これは、「デフレのために企業の利益が減る」「デフレのために消費が伸びない」として、経済停滞の原因をデフレに見出そうとする考えです。

具体的な内容は論者によって違いますし、議論が整合的に秩序付けられているわけでもないのですが、おおまかに言えば、つぎのようなことでしょう。

(1) 製品価格が下落するので、企業利益が伸びない。

(2) 利益が伸びないため、賃金を引き下げざるをえない。そのため、消費者の所得が伸びない。

(3) 将来はもっと安く買えると消費者が予想するため、購入を延期する。

(4) 需要が (2) と (3) のために減少する。そのため需給ギャップが拡大し、さらに製品価格が下落する。すると、(1) からの過程がさらに拡大されて進行する。つまり、スパイラル的に事態が悪化する。

(5) 需給ギャップを埋めるため、需要を拡大する必要がある。ところが、利子率が高いと設備投資や住宅投資が増えないので、金融を緩和して利子率を低下させる必要がある。

日本銀行も、こうした考えに基づき、2013年4月に異次元金融緩和政策を開始しました。

こうした考えははたして支持できるのでしょうか？　以下では、この問題につき、考えることとします。

相対価格の大きな変化は、経済活動の変化を要求する

経済学の教科書的な議論において、「デフレーション」とは、すべての物価が一様に下落する現象を指します。この過程において、さまざまな財やサービスの間の相対価格が変化することはありません。つまり、これは「物価水準」（あるいは絶対価格）の下落です。これは、通常は、貨幣供給が不足するために生じる現象です。

しかし、先に見たように、実際に起きていることは、一様な価格下落ではありません。前述したように工業製品の価格動向とサービスの価格動向の間には、著しい差異が見られるのです。経済学の用語を使って言えば、「相対価格」が変化しているのです。したがって、この現象を「デフレ」と呼ぶのは、誤りです。

一様な価格下落と相対価格の変化という区別がなぜ必要なのでしょうか？　それは、必要な対応が異なるからです。

一様な価格下落は、貨幣供給量が過小であるなどのマクロ経済的要因によって引き起こ

されます。したがって、それに対処するには、貨幣供給量の増大などのマクロ政策が必要です。

それに対して、相対価格が変化する場合に必要なのは、産業構造や経済行動を変えることです。

消費者の立場から言えば、安くなった工業製品を使って、サービスに代替すべきです（身近な例で言えば、外出時、傘を持っていないのに雨が降ってきたら、タクシーに乗るより、近くのコンビニエンスストアで傘を買うほうが安上がりです）。

生産の側面で言えば、必要なのは、古いタイプの生産能力を削減し、新しいタイプの生産能力を増強することです。

過去20年から30年の間に、これだけ大きな変化があったのですから、経済全体の産業構造が大きく変わるべきでした。日本の失敗は、それができなかったことです。変化に対応せず、古い産業構造に固執した日本経済が衰退するのは、当然のことです。

2013年以降の物価動向

以上では、1990年代からの長期間にわたっての物価動向を見、その評価を行ないました。

以下では、2013年頃以降の動向について見ることとします。

消費者物価指数（生鮮食品を除く総合）の対前年同月比は、13年の5月からプラスの値が続くようになり、12月には1・3％の上昇となりました。これは、経済の好循環が始まったことの表れと評価されることが多かったのですが、そうではありません。消費者物価上昇は、円安によってもたらされたのです。

ただし、このときには、従来とは異なる要因が2つありました。

第1は、エネルギー関係費です。特に重要なのは、電気代と、ガソリン代です。都市ガス、プロパンガス、灯油も含めたエネルギー全体で見ると、対前年比上昇率は7・4％となりました（計数は、13年12月のもの。以下同）。このように、エネルギー関係費がコア物価指数上昇の過半を説明します。事実、食料およびエネルギーを除く総合では、0・0％の上昇にすぎません。

08年にも、原油価格の高騰が消費者物価を引き上げました。それと13年頃の状況は似ているように見えますが、大きな違いがあります。それは、電気料金の値上げが加わったことです。日本の発電は、東日本大震災以降、火力発電にシフトしています。日本の制度では、燃料価格の上昇が自動的に電気料金に反映される仕組みになっているため、円安でLNG（液化天然ガス）の輸入価格が上昇し、それが電気料金を引き上げたのです。

コア物価指数の対前年比プラスに貢献した第2の要因は、教養娯楽用耐久財の対前年比が0・4％となったことです。ここには、ＰＣ（パソコン）やスマートフォンなどが含まれています。

これまで、この項目の下落率はきわめて大きかったのです。00年1月に725・3であった指数が、13年9月では62・5と10分の1以下に減少しています。

ところが、ＰＣの海外生産あるいは海外からのパーツ調達が多くなったため、円安の影響で価格が上昇したのです。

これまで、日本の輸入で最終消費財はあまり多くありませんでした。日本の輸入の主要品目は、鉱物性燃料と原材料だったのです。これらの価格は円安で上昇しますが、企業が利益を減らして吸収すれば、製品価格には影響しません。実際、輸入価格が上昇しても、消費者物価が上昇しないことが多かったのです。

しかし、現在の日本は、電子製品については、輸入国になっています。00年以降、電算機類（周辺機器を含む）の輸入は輸出を上回っているのです。

したがって、円安が進行すると、輸入価格が上昇し、それによって消費者物価が上昇しやすくなっています。それが実質賃金を下落させ、それによって実質消費が低迷するのです。

円安は日本の労働者を貧しくする

円安が企業利益を増加させるのは、日本人の労働が国際的に見て安く評価されることになるからです。円安になっても、日本企業は輸出品のドル建て価格をあまり変化させません。他方で、国内の賃金は円建てで変わらないので、ドル建てで見れば低下します。したがって、円安になると、実態が何も変わらないのにドル建ての利益は増加します。つまり、ドル建てで賃金が切り下げられたために、利益が増えるのです。

このことを、簡単な数値例で説明しましょう。

いま、日本で1万円の製品を作っているとします。簡単化のため、製造に必要なのは労働だけで、賃金が7000円とします。すると、利益は3000円です。この製品をアメリカに輸出します。為替レートが1ドル＝100円であれば、アメリカでは100ドルで売られることになります。

ここで、為替レートが1ドル＝120円と円安になったとします。問題は、日本の企業がアメリカでの販売価格をどう設定するかです。経済学の教科書では、日本での価格1万円を固定して、アメリカでの販売価格を83・3ドルにすると説明しています。そうであれば、アメリカ製品に対して日本製品の価格が下がって、売れ行きが増加します。そして、日本からの輸出が増えることになります。

しかし、現実にはこのような価格設定が行なわれるのではなく、円安になっても100ドルのままで価格を変えないという場合が多いのです。その場合には、販売量は変わらず、ドル表示の売上高（100ドル）も変わりません。したがって、円で評価した売上高は、1万2000円に増加します。他方で日本の賃金が7000円のままであるとすれば、利益は5000円に増加することになります。これが、円安によって日本企業の利益が増大するメカニズムです。

以上のことを、ドル建てで見ると、どうなるでしょうか？　円安になっても、日本製品のドル建て価格は変わりません。しかし、その中に含まれている賃金は、ドルで評価すれば、1ドル＝100円時代の70ドルから、7000円を1ドル＝120円で評価した額、つまり58・3ドルに下落するのです。つまり、ドルで見れば、日本の労働者の賃金は、円安によって自動的に低下することになります。

第1章の図表1－5で、2013～2015年頃に日本の1人当たりGDPが低下しているのは、このことを表しています。

日本の国内にいると、外国価格との比較が簡単にできず、国内の他の価格との相対的な比較が中心になるため、このことがよく認識できません（ただし、これまで述べたように、円安になると輸入物価が上がって、国内物価が上昇します。しかし、これはそれほど大きな変化でないために、意識しにくいのです)。これは、エレベータに乗っていると、人々の間の相対関係は変わらないので、地表に対して動いていることを実感しにくいのと同じことです。

なお、利益をドルで評価すれば、1ドル＝100円時代に3000円、つまり30ドルであったものが、1ドル＝120円になれば5000円、つまり41・7ドルに増加することになります。これは売り上げが100ドルで変わらないにもかかわらず、賃金が70ドルから58・3ドルに低下したことの効果です。

したがって、円安は、日本の労働者の立場から言えば、決して歓迎できるものではありません。それにもかかわらず、日本では、円安を阻止しようとする政治勢力が存在しないのです。これは、日本の政治の悲劇だと言わざるをえません。

そもそも、日本経済が為替レートによってこのように大きく振り回されること自体が大きな問題です。企業の収益も株価も、ほぼ為替レートだけによって決まります。財政収支もそうです。円安で企業の収益が増えれば、税収が増え、財政収支は好転します。しかし、円高で企業収益が停滞すると、税収が減るのです。

原油価格下落による輸入物価と消費者物価の下落

アメリカが金融緩和政策の終了を宣言した2014年の秋から、日本の輸入物価が顕著

図表 5-2　輸入物価指数の対前年比の推移

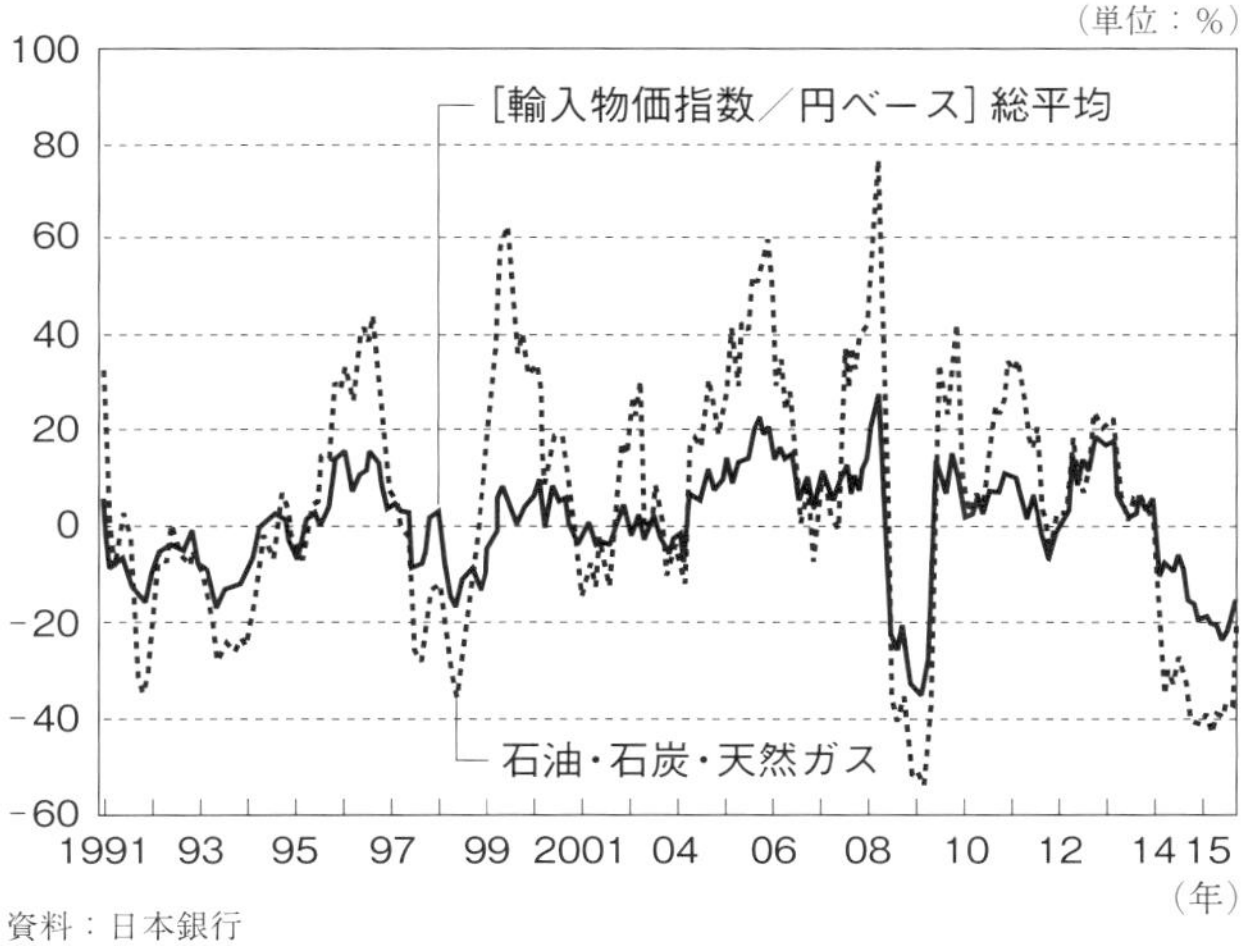

資料：日本銀行

に下落しました（図表5－2）。15年11月の輸入物価指数総平均の対前年同月比は、契約通貨ベースで19・0％減、円ベースで17・4％減となりました（円ベースの下落率が低いのは、この間に為替レートが円安になったためです）。

この主たる原因は原油価格の低下ですが、それだけではありません。金属製品も契約通貨ベースで23・0％減と大幅に値下がりしました。上昇したのは繊維品と輸送用機器のみです。

これまで、世界的に見て、金融緩和によって投機資金が供給されていた結果、資源や国際商品の価格が、実需の変化では説明できないほど高い水準になっていました。ところが、アメリカの金融正常化によって金利が引き上げられると、投機が減少します。このため、資源価格や国際商品価格が下落したのです。

資源価格下落は、本来は日本経済への未曾有のボーナス

原油価格をはじめとする資源価格の下落は、経済活動に対して悪影響を与えるという意見が多く見られます。しかし、資源価格下落が経済に与える影響は、国や産業によって異なります。

産油国にとっては間違いなくマイナスですし、新興国は資源輸出に依存している度合いが大きいので、大きなマイナスの影響を受けます。経済は減速し、これまで投資されていた資金が流出するため、株価が下落し、通貨は弱くなります。

アメリカの場合は、やや複雑です。アメリカは産油国であり、石油の輸出国です。したがって、原油価格下落は、シェールオイルに対しては大変大きなマイナスの影響を与えます。他方で、アメリカはガソリンの大量消費国ですから、ガソリン価格の低下はアメリカの国民にとっては望ましいことです。

日本は資源輸入国なので、ほとんどの企業活動や消費者の立場から見て、原油価格下落は、プラスの効果があります。日本は資源価格の下落によって利益を受ける典型的な国で

図表 5-3　交易条件指数の推移

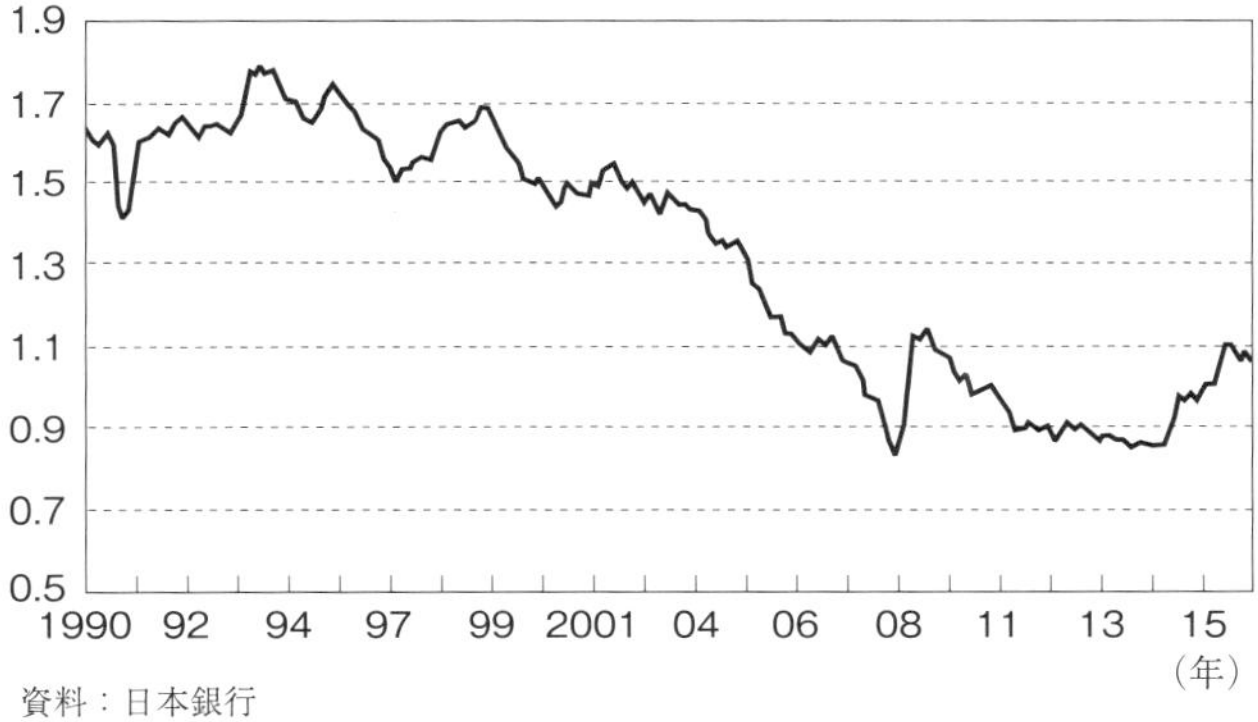

資料：日本銀行

す。

これは、交易条件の改善によって表されます。ここで交易条件とは、$\frac{輸出価格}{輸入価格}$ のことです。この推移を図表5－3に示します。

契約通貨ベースの輸出入価格で計算した交易条件は、これまで長期的に低下傾向にあったのですが、14年の秋頃から顕著に上昇しました。それまでに比べて1割以上上昇という大きな改善です。

原油価格が上昇するとは、原油の使用に税をかけられ、その税収を産油国に持ち去られるのと同じことです。つまり、日本人の所得の一部が産油国に持ち去られることを意味します。原油価格が低下して消費者物価が下落するのは、こうした課税の負担が低くなったことを意味するのです。

あるいは、つぎのように考えることもできます。

GDP統計における日本の輸入総額は15年7～9月期の年率で95兆円なので、原油価格が17・5％下落したことにより、95×0・175＝16・6兆円だけの輸入額減少効果があったことになります。

このことは、それまで輸入にかけられていた税が16・6兆円だけ減税されたのと同じ効果をもたらすはずです。

16・6兆円は、最終家計消費支出287兆円の5・8％に当たる額であり、きわめて大きなものです。消費税の税率3ポイント引き上げによる税収は、地方消費税も含めると、平年度7・5兆円程度とされているので、その2倍を超えます。しかも、消費税増税分は国内の支出に用いられますが、輸入物価の上昇は海外に吸収されるので、その下落の日本にとってのメリットは大きいのです。

つまり、産油国への所得移転が減ったわけで、日本人はそれだけ豊かになったわけです。したがって、日本人の誰の立場から見ても、もろ手を挙げて歓迎すべきものです。

日本人がそれを「望ましくない」と言うのは、まったくおかしなことです。「デフレ脱却」と叫んでいる人は、原油価格がさらに高くなり、日本人の所得が産油国に吸い取られるのを望ましいとでも思っているのでしょうか？

また、いくら日本が金融緩和を行なったところで、原油価格に影響を与えることはできません。つまり、日本の国内事情とはまったく独立に消費者物価が動いているのです。

以上だけを考えても、「デフレ脱却論」がいかにおかしな議論であるかが分かります。

国内物価は十分に下がっていない

消費税増税の影響を除く消費者物価指数の対前年上昇率は、2014年の秋以降、下落に転じました。こうなった最大の原因は、原油価格の下落によってエネルギー関連価格が下がったことです。

しかし、輸入物価指数の著しい下落に比べると、消費者物価の下落は、十分なものとは言えません。

ある月の消費者物価指数と、その数ヵ月前の輸入物価指数との間には、強い相関があります。定量的な関係は、試行錯誤で見出せます。図表5－4は、消費者物価指数（生鮮食品を除く総合、消費税の影響除く）の対前年比と、6ヵ月前の輸入物価指数（円ベース、総平均）の対前年比（%）に10分の1を乗じたものを示してあります（たとえば、15年7月には、15年1月の輸入物価の対前年比の10分の1が示してあります）。

12年後半以降、15年前半までの期間においては、両者の間にきわめて強い相関が見られ

図表5-4　消費者物価指数と6ヵ月前の輸入物価指数

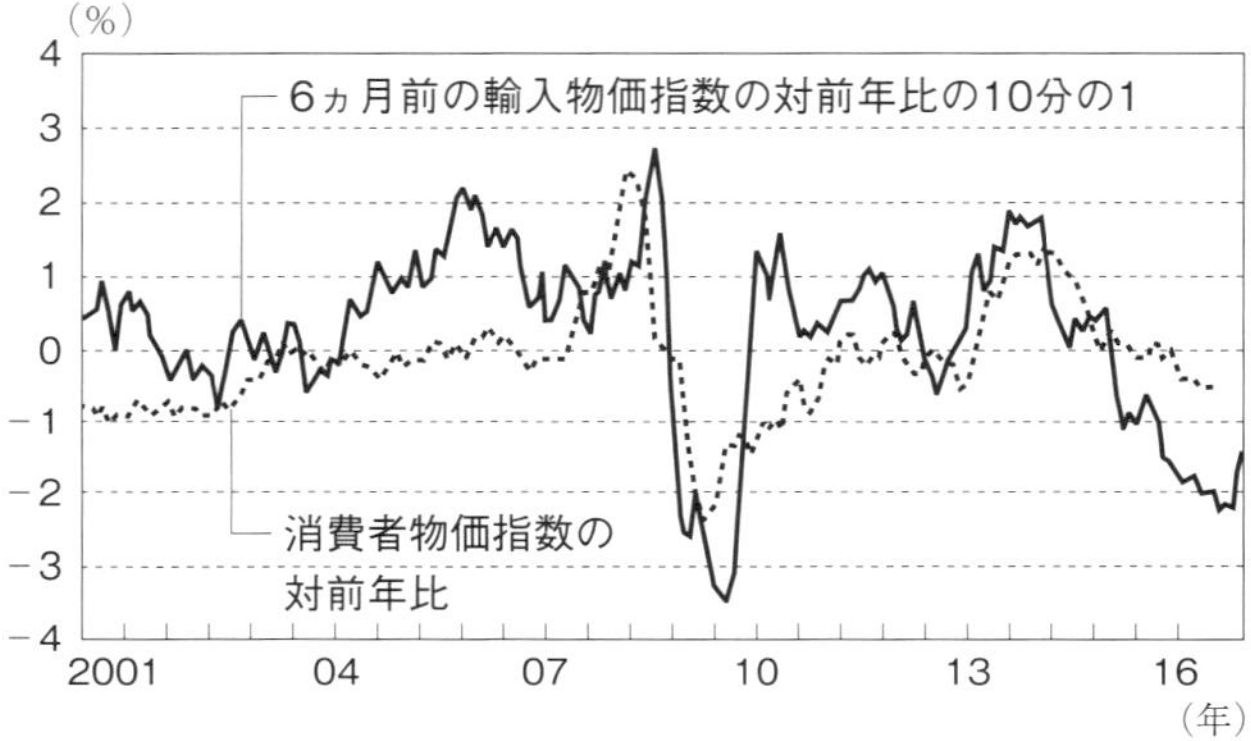

注：2014年4月から15年3月までは、消費税の税率引き上げによる影響を除去してある。
資料：日本銀行

ます。つまり、「対前年比で見て輸入物価変動の10分の1が半年後の消費者物価変動に現れる」と考えると、消費者物価の動きをよく説明できるわけです。

　ところが、この関係は、15年後半以降、成立しなくなっています。つまり、右の法則から言えば、消費者物価指数の対前年比がマイナス1％程度になるべきところ、実際には0％の近辺にとどまっているのです。これは、輸入価格下落の効果が消費者物価に十分反映されていないためと解釈できます。

　右の相関関係が成立すれば、16年5、6月頃の消費者物価指数の対前年比はマイナス2％程度になるはずですが、実際にはそうなりませんでした。

15年においては、すでに見たように、輸入価格の下落によるきわめて大きなボーナスを日本経済は得たのです。それにもかかわらず、実質成長率ははかばかしくありませんでした。これは日本の経済が資源価格下落という絶好のボーナスをうまく利用できなかったことを意味します。そしてその原因は、原材料価格の下落が、企業利益の増大と内部留保の拡大にとどまってしまって、消費者物価を下落させなかったことです（注）。

（注）　以上で見たことは、ＧＤＰデフレーター（第１章参照）によって、もっと明確に確認することができます。輸入はＧＤＰの控除項目であるため、輸入物価が下落したとき国内物価にそれが反映されなければ、ＧＤＰデフレーターは上昇します。そして、国内の物価に反映されれば、ＧＤＰデフレーターは元の水準に戻ります。

実際のデータを見ると、国内総生産と民間最終消費支出のデフレーターは、14年４～６月期に急上昇しています。これは、消費税増税の影響です。15年１～３月期に輸入デフレーターが大きく下落したにもかかわらず、最終消費のデフレーターはわずかに低下しただけでした。このため、ＧＤＰデフレーターはかなり顕著に上昇しました。これは、原材料価格の下落が、国内物価にほとんど反映されていないことを示すものです。

資源価格の低下は、企業利益の増加に吸収されてしまっているのです。そして、これは、企業の内部留保を増やすだけの結果になっています。

第6章

異次元金融緩和政策は失敗に終わった

日本の金融制度と金融政策を考える

この章では、まず日本の金融制度や資金循環を概観します。そして、利子率はどのように変化したか、金融緩和政策の効果はどうだったか、などを検討します。さらに、2013年に開始された異次元金融緩和政策の評価を行ないます。円安にはなったものの、実体経済に影響を与えることはできなかったこと、それはマネーストックが増えなかったためであること、などを論じます。

◇◇◇◇◇◇◇◇◇◇◇◇◇◇◇◇◇◇

日本の金融制度

日本の金融機関は、中央銀行（日本銀行）、民間金融機関、そして公的金融機関に大別されます。

民間金融機関には、まず、預金を取り扱う金融機関として、普通銀行（都市銀行、地方銀行、第二地方銀行）、長期金融機関（信託銀行）、中小企業金融専門機関（信用金庫、信用組合、労働金庫、商工組合中央金庫）、農林漁業金融機関があります。

次に、預金を取り扱わない金融機関として、生命・損害保険会社、ノンバンク、証券会社、短資会社があります。公的金融機関には、特別銀行（日本政策投資銀行など）、公庫・公団、基金・事業団などがあります。

なお、郵便局は長らく公的金融機関として利用されてきましたが、2007年10月に民営化され、「ゆうちょ銀行」として営業を継続しています。

日本の金融制度は、1990年代末に大きな変化を経験しました。80年代後半の不動産バブルの時期に不動産融資を増大させ、それが不良債権化したのです。この結果、日本長期信用銀行（長銀）が経営危機に陥り、97年7月から10月まで開催された臨時国会では、長銀救済が最大の課題となりました。結局、長銀を一時国有化することで救済しました。日本債券信用銀行も、98年12月に一時国有化されることとなりました。

その後、公的資金の投入や金融機関の合併・統合等が行なわれ、現在のような姿になっています。

資金循環構造の変化

資金循環統計は、金融取引や、その結果として保有された金融資産・負債を、企業、家計、政府などの経済主体別、金融商品別に記録した統計です。

これによって経済主体間の資金の流れを見ると、つぎのとおりです。

1980年代までは、家計の貯蓄率が高かったため、家計が資金余剰部門（貯蓄が投資を超える部門）となり、最大の資金の出し手となっていました。一方で、民間の企業は活発に設備投資を行なったために資金不足が拡大し、最大の資金の取り手となっていました。

図表 6-1　部門別の資金過不足の推移

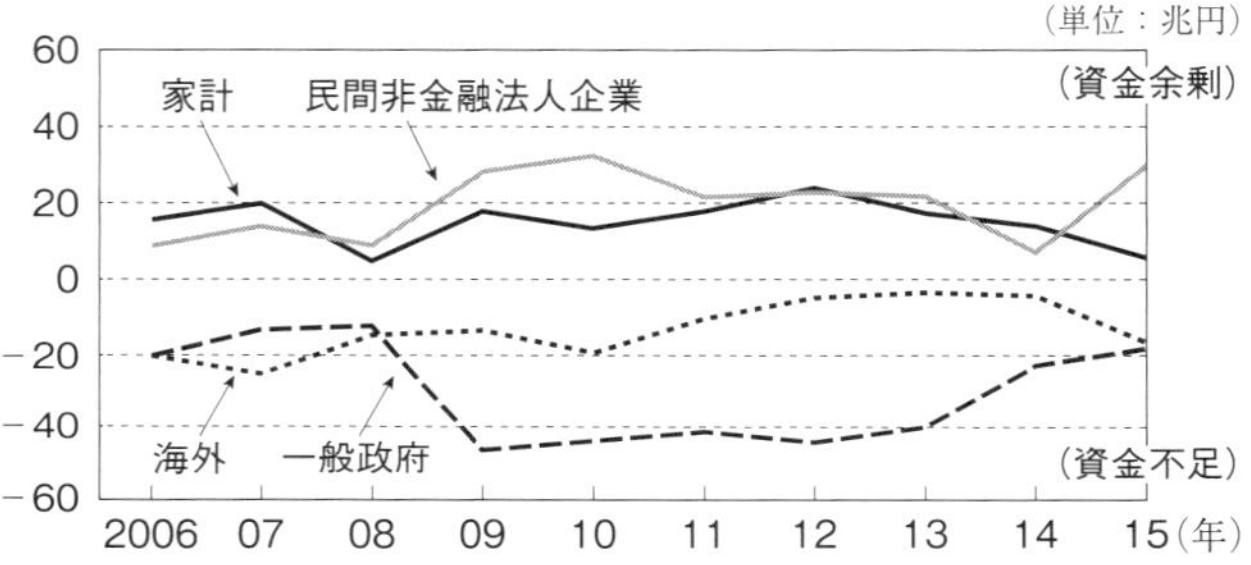

資料：日本銀行

この資金のやり取りは、主として銀行預金と銀行による貸し出しによってなされていました。

80年代後半のバブル期において、民間企業が金融収益の拡大を狙い、資金を借り入れて運用するという取引を膨らませました。なお、この時期には、税収が伸びたため、政府が資金余剰に転化しました。

しかし、90年代以降になると、家計の資金供給が減少してきました。これは、家計貯蓄率が低下したためです。税収が減少する一方で公共投資が増加したため、政府は資金不足に転じ、最大の資金の取り手となりました。これは、財政赤字の増大という形になって現れます。この資金のやり取りは、政府が国債等を発行し、それを民間の金融機関が引き受けるという形で行なわれました。民間企業は、80年代に膨張させた資産と負債を圧縮させました。また、設備投資が大幅に減少したため、資金不足が縮小しました。

図表6-2　貸出約定平均金利の推移

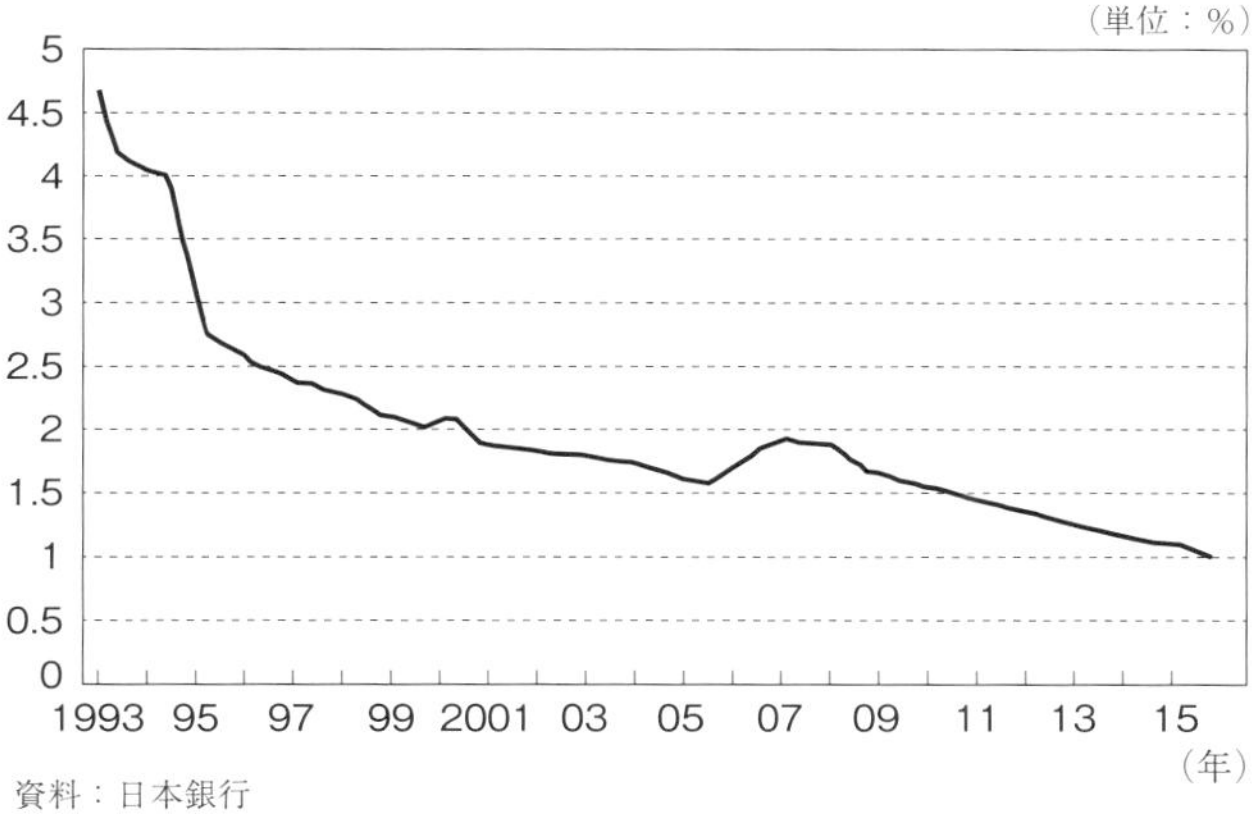

資料：日本銀行

90年代半ば以降になると、家計が貯蓄率の低下を背景に資金余剰幅を縮小させました。税収が減少し、また社会保障関連費が増大したため、政府の資金不足は拡大しました。そして、民間企業が資金余剰傾向を強めてきました。

名目金利が顕著に低下

金利はどのように変化したでしょうか？以下では、長期金利と短期金利について、長期的な変化を見ることとします。

まず、長期金利の代表として貸出約定平均金利（国内銀行および信用金庫における約定時の貸出金利の平均）を取り、その推移を見ると、図表6－2に示すとおりです。

93年には4・5%を超えていたものが、95

図表 6-3　基準割引率および基準貸付利率の推移

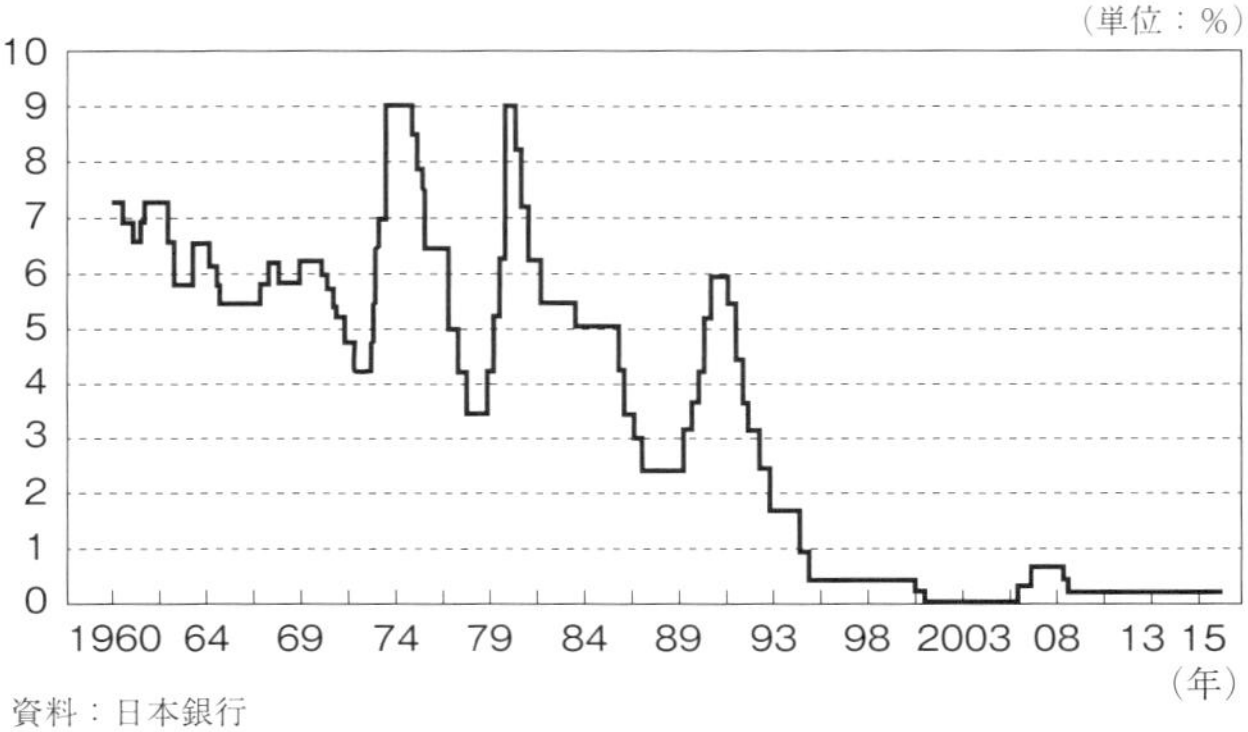

資料：日本銀行

年には２%台にまで下がりました。その後もほぼ継続的に低下し、２００１年には１%台になりました。06〜07年頃には若干高まったのですが、リーマンショック後は一貫して低下しています。16年８月では１・０２６%です。

つぎに短期金利を見ましょう。「基準割引率および基準貸付利率」（公定歩合）で見ると、図表６−３のとおりです。１９６０年代初めには７%を超えていたのですが、その後低下し、71年には４%台になりました。しかし、70年代と80年代の石油ショックの際には、９%程度まで引き上げられました。

その後、金融緩和が行なわれ、公定歩合は80年代後半には３%を割り込むまで引き下げられ、87年からは２%台になりました。しかし、80年代末に不動産バブルが発生し、これに対処するための金融引き締めが行なわれたことから、急上昇しました。90年頃には6%となりましたが、これがピークであり、その後は低下しました。90年代前半に急激かつ傾向的に低下して95年に1%となり、その後は1%未満の状態が続いています。2016年10月では0・3%となっています。

1990年代前半の急激な金利低下は、消費者物価の低下を反映したものです。すでに第5章で見たように、消費者物価指数の対前年同月比は93年には2%程度であったものが、96年にはゼロないし若干のマイナスとなりました。つまり、この間に約2ポイント低下しました。これは長期金利の低下幅にほぼ対応しています。なお、2006年頃に金利が上がったのは、消費者物価が上昇したからです。

欧米諸国においても、金利は1990年代に低下しました。そして、90年代は、経済の衰退期ではなく、むしろ、繁栄期でした。これは、「ニューエコノミー」と呼ばれることもありますし、「グレイトモデレーション」（超安定）とか、「ゴルディロックス」（過熱せず冷めすぎてもいない微妙状態）と呼ばれることもあります。

しかし、日本では、この時期に新興国工業化に対応した産業構造の変化が進みませんでした。それに加え、不良債権問題の処理もありました。そのため、日本においては、金利低下の時代が沈滞の時代になってしまったのです。

異次元金融緩和政策と円安の評価

以上では、金融構造と長期的な観点からの金融情勢の変化を見ました。以下では、2013年以降の金融政策について見ることとします。

日本銀行は、2013年4月に、異次元金融緩和措置を導入しました。民間銀行が保有している長期国債を年間約50兆円買い入れ、物価上昇率を2％にするものです。14年10月末には、追加金融緩和を行なうことを決定しました。これは、国債購入額を年間80兆円に増額するものです。

多くの人が、異次元金融緩和政策によって日本経済が回復したと考えています。しかし、そのことは、データによっては裏付けられません。

円安が生じたのは事実です。12年の秋頃からの顕著な円安によって、輸出企業の利益が増加し、このために株価が上昇したのも事実です。

しかし、円安は、日本の金融緩和政策の結果として生じたものではなく、ユーロ危機の沈静化による国際的な投資資金の流れの変化（その中には投機的なものも多く含まれていたと考えられます）によってもたらされたものです。

これについて、以下に見ましょう。

11年頃には、ユーロ危機の影響で、ユーロ圏から短期資金が大量に日本に流入して円高が加速しました。これは、「リスクオフ」と呼ばれた危険回避行動です。

ところが、12年の夏から秋にかけて、ユーロ危機が沈静化しました。このため、それまで日本などの「安全国」（セイフヘイブン）に逃避していた資金がユーロに回帰したと見られます。これがユーロ高をもたらし、さらにドルに対しても円安をもたらしたと考えられます。

円ユーロ・レートの推移を見ると、12年7月には1ユーロ＝100円程度であったものが、8月頃から円安が始まりました。そして、13年1月中旬には120円、4月始めには130円程度までになったのです。

ユーロに対する円安の進行は、ドルに対する円安が始まる以前の時期に始まっていることに注意が必要です。また、ユーロに対する減価率は、ドルに対する減価率より大きいことにも注意が必要です。これらは、ユーロ圏における情勢の変化が円安を引き起こした可能性を示唆しています。

そして、これは、第二次安倍晋三内閣の発足（12年12月）よりかなり前に生じた変化です。つまり、円安は、日本の政策で生じたことではなく、海外の状況の変化で生じたものと考えられるのです。

円ドル・レートは、14年2月頃から1ドル＝101〜102円程度の範囲で安定的だったのですが、8月下旬から円安が進み、12月下旬には120円程度となりました。

円安で企業利益が増大したが輸出は増えず

円安によって企業の利益は増加しました。法人企業統計のデータで13年度の企業の営業利益を12年度と比べると、21・5％の増加となりました（全産業、全規模）。したがって、企業部門全体としては、円安によって利益を受けたことになります。

ただし、産業別、企業規模別に見ると、大きな格差がありました。まず全産業を見ると、資本金1億円以上の増益率が27・9％であるのに対して、1億円未満は7・1％でしかありません。

製造業の場合は、規模による格差がさらに大きくなっています。すなわち、資本金1億円以上の増益率が53・0％という高い値であるのに対して、1億円未満は5・9％でしかありません。これは、円安が輸出数量を増加させなかったため、生産が顕著に増加していないからです。製造業の小規模な企業は、大企業の下請けとなって部品などを供給する企業が多く、注文が増えないと生産も利益も増えません。しかし、円安は大企業の売り上げをドル建てではほとんど変化させておらず、したがって生産量も増えず、下請けへの発注も増えなかったのです。

非製造業はどうでしょうか？　資本金1億円以上の企業の増益率は15・9％であって、製造業の場合よりかなり低い値です。これは、非製造業では輸出がないためです。1億円未満は7・3％となっています。製造業ほどの格差はありませんが、大企業より低いのは事実です。

本来であれば、円安は輸出を増大させ、GDPを増大させるはずです。しかし、そうしたプロセスが生じなかったのです。円安によって輸出企業の利益が増大し、株価が上昇したのは事実ですが、輸出数量が増加しないので、実体経済には影響を与えなかったのです。

それだけではなく、第5章の**円安は日本の労働者を貧しくする**の項で述べたように、消費者物価を引き上げ、実質賃金を下落させることによって実質消費を抑制しています。それによって実質経済成長率が低下しているのです。

このように、円安によって利益を受けた部門と被害を受けた部門が、はっきりと分かれています。

13年の経済成長率が高くなったのは事実ですが、それは金融緩和によるのではなく、公共事業が増えたことと、消費税引き上げ前の駆け込み需要で住宅投資が増えたことによります。

んでした。

金融緩和したがマネーストックが増えなかった

日本銀行の異次元金融緩和政策は、マクロ経済への影響という点では、効果がありませんでした。

もともと、現在の日本経済で、金融緩和政策は効くはずはなかったのです。なぜなら、金融政策が効果を持つためにはマネーストックが変化しなければなりません。金融政策に本来期待されるメカニズムは、「マネタリーベースの増大がマネーストックを増大させ、マネーに対する需給を緩和することにより金利が低下する」というものです。ここで、「マネーストック」とは、経済に流通するお金の残高であり、「マネタリーベース」とは、マネーストックの基となるものです(注)。

しかし、資金需要がない経済では、貸し出しが増えることはなく、したがってマネーストックは増えないのです。実際、マネタリーベースは顕著に増加したものの、マネーストックはほとんど増加しませんでした。

この状況を具体的に見ると、つぎのとおりです。

２０１３年４月からの異次元緩和で、日銀は年50兆～80兆円のペースで市場から国債を購入し続けた結果、日銀の国債保有残高が増えました。資金循環統計によると、16年６月末での日銀の国債・財投債保有残高は345兆円で、国債残高全体に占める割合は、34・9％となりました。異次元緩和を始める直前の13年3月末は11・6％だったので、大幅な上昇です。

その結果、13年3月から16年3月の3年間で、マネタリーベースは約228兆円増えました。

しかし、マネーストック（M2）は約89兆円しか増加しなかったのです。年平均の増加率で見れば、マネタリーベースのそれは39・1％にも及んだのに、マネーストックのそれはわずか3・4％でしかありませんでした。この状態は、「空回り」としか表現できないものです。

金融政策が効果を発揮するためには、マネーストックが変化しなければなりません。物価上昇についてもそうです。物価とマネーストックの間にいかなる関係を想定するにせよ、マネーストックが変化しなければ、話になりません。異次元金融緩和政策が効果を発揮できなかったのは、マネーストックがほとんど増えなかったからです。

こうなることは、最初から分かっていたことです。日銀は01年から量的緩和政策を進めたのですが、このときにもマネーストックは増えなかったからです（拙著『金融緩和で日本は破綻する』ダイヤモンド社、2013年参照）。

（注）「マネーストック」とは、現金通貨と預金通貨の残高の合計です。預金通貨にどのような金融商品を含めるかは、一義的に決まっているわけではありません。対象とされる金融機関の差などにより、「M1」「M2」「M3」などの指標が区別されています。
「マネタリーベース」とは、流通現金（「日本銀行券発行高」＋「貨幣流通高」）と「日銀当座預金」の合計値です。

金融政策の客観的な評価が必要

日本銀行は、2016年9月に「総括検証」を行ない、それまで行なってきた金融政策の効果を検証しました。

しかし、その内容は、「原油価格が下落したために、インフレ率を引き上げることができなかった」というような言い訳にすぎませんでした。しかし、本当に必要なのは、これまでの金融政策を客観的に評価することです。

第1は、物価目標に関してです。目標が適切なものとして受け入れられるかどうかは別として（私は第5章で述べたように、物価を下げて実質消費を増やすことが必要だと考えています）、13年4月に約束した2％インフレ目標を実現できなかったことは、間違いありません。つまり、簡単に言えば、異次元金融緩和政策は失敗したわけです。

物価上昇目標が達成できなかったのは原油価格が下落したからだというのですが、それは、結局のところ、日本経済が「あなた任せ」であることを認めたことに他なりません。物価が上昇しなかったのはマネーストックが十分に増加しなかったからですが、なぜマネーストックが増えなかったのかを明らかにすることこそ、最も重要な検証課題だったはずです。

異次元金融緩和政策の効果であるように見えたものは、円安による効果にすぎなかったのです。そして、既に述べたように、円安は日本の金融緩和によって実現したのではなく、ヨーロッパにおけるユーロ危機が収束したために起こったことです。

14年以来円高になったのは、アメリカの金融正常化に伴って新興国から資金が流出し、それがセイフヘイブンとみなされている日本に流入したためです。

なお、16年11月にアメリカ大統領選挙でドナルド・トランプ氏が勝利した結果、アメリカで金利が上昇し、これによって円安が進行しました。このように、為替レートは、日本の経済政策によってではなく、海外の状況の変化によって大きく変わってしまうのです。

マイナス金利で経済は活性化できない

金融緩和政策が効かないのは、資金需要がないためだと述べました。金利が非常に低い水準に落ち込んでしまうと、いくら金融緩和政策を行なっても、資金需要を増やすことはできなくなります。

経済が拡張しているときには、利子率を上げて貸し出しを抑制することができます。しかし、経済活動が低迷して貸し出しが増えないときに、金利が非常に低い水準に落ち込んでしまうと、（マイナス金利を採用しない限り）金利をそれ以上低められないので、貸し出しに影響を与えることはできません。

イギリスの経済学者Ｊ・Ｍ・ケインズは、これを「流動性トラップ（わな）」と呼びました。利子率が非常に低い水準にある（国債価格が非常に高い水準にある）ために、将来は利子率が上昇するしかない（国債価格が下落するしかない）と予想され、人々の貨幣に対する需要が無限大となり、「マネーストックをいくら増やしても吸い込まれてしまう」という意味で「トラップ」と呼んだのです。同じことは、「糸は引けるが、押せない」（金融を引き締めて過熱した経済活動を抑制することはできるが、金融を緩和しても停滞した経済を活性化することはできない）と表現されることもあります。

このような状況に対処するため、日本銀行は、２０１６年１月末にマイナス金利を導入しました（注）。これによって貸し出しが増加することを期待したのですが、そのような効果は生じませんでした。

結局のところ、異次元金融緩和政策は、円安と株高をもたらしただけで、経済活動を活性化することはできなかったのです。それどころか、実質賃金を下落させ、実質消費を低迷させたという意味では、大きな弊害をもたらしました。これについては、第5章で論じました。日本経済の活性化のためには、経済構造を改革することが必要です。これについては、第11章で述べることにします。

なお、異次元金融緩和政策は、「財政をファイナンスした」という意味では、きわめて大きな問題をもたらしました。これについては、第10章で論じることとします。

（注）これまで、銀行が日本銀行に保有する当座預金に対してプラスの付利をしていたのですが、それを転換し、つぎのような仕組みにすることとしました。

当座預金を3層構造に分ける。第1の「基礎残高」（約212兆円）は、2015年の超過準備の平均額に固定され、付利は、従来どおり0・1％。

「マクロ加算残高」（約38兆円）は、所要準備などであり、金利はゼロ。

「政策金利残高」は、当座預金全体から「基礎残高」と「マクロ加算残高」を差し引いた残額であり、付利はマイナス0・1％。

第７章

深刻な労働力不足が日本経済を直撃する

人口高齢化がもたらす諸問題

日本社会は、世界でも稀に見る人口高齢化に直面しており、これが経済のさまざまの側面で深刻な問題を引き起こします。

この章では、その影響を具体的に見ることとします。労働力人口が2030年頃には現在より1000万人も減少する可能性があること、医療・介護に対する需要が増大すること、などを論じます。

◇◇◇◇◇◇◇◇◇◇◇◇◇◇◇◇◇◇

年齢構成が大きく変化する

人口は最も基本的な経済変数の一つです。年齢構成のこれまでの変化は、図表7－1に示すとおりです。

1990年代半ばまで、15～64歳人口が増加しました。この年齢階級の人々は、労働力人口となります。50年代の始めには5000万人程度だったのですが、80年代には8000万人を超え、95年には、約8700万人になりました。こうした労働力人口の増加が、日本の経済成長を支えたのです。

しかし、90年代半ば以後は、減少に転じています。2014年には約7800万人にまで減少しました。

一方、65歳以上人口は、1975年までは1000万人未満だったのですが、80年代に

図表 7-1　人口の年齢構成の推移

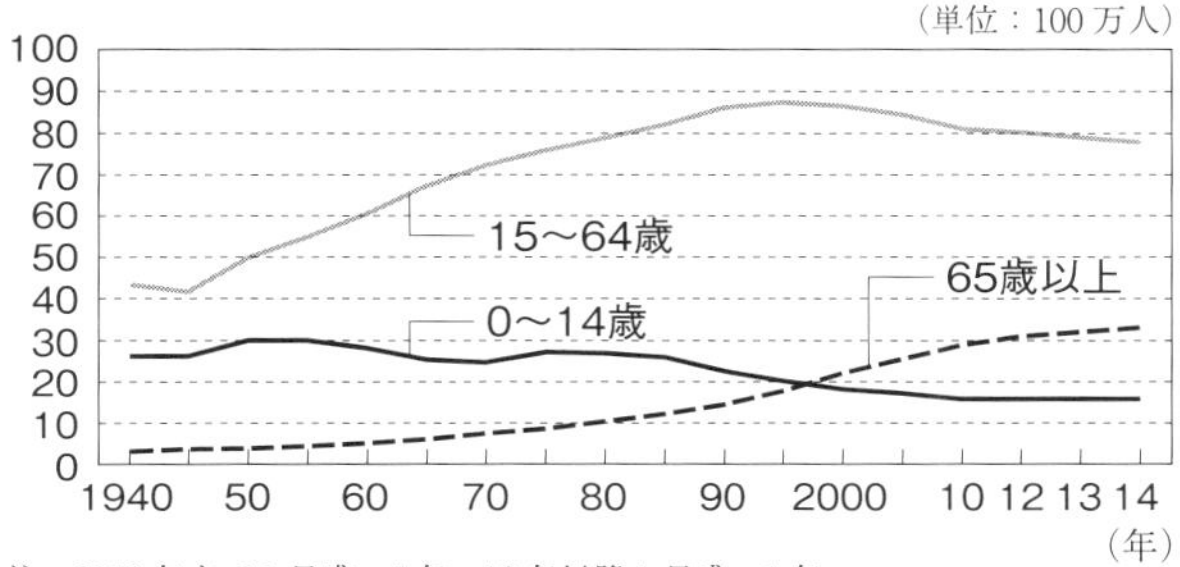

注：2010 年まで 1 目盛＝5 年。12 年以降 1 目盛＝1 年。
資料：総務省『日本統計年鑑』

1000万人を超え、その後も増加しています。2012年からは3000万人を突破しました。14年には約3300万人になっています。

このような年齢構成の変化が、経済に大きな影響を与えることとなります。

総人口の減少は大きな問題とは言えない

推計人口は、さまざまな将来推計の中でも最も確実なものです。なぜなら、さほど遠くない将来なら、その時点の人口のほとんどは、すでに生まれているからです。したがって、出生率と死亡率を決めれば、今後数十年間の人口を、かなり正確に予測することができます。出生率も死亡率も、それほど大きくは変動しない変数なので、将来人口の推計は、あまり大きく狂いません。

そして、将来推計人口を元として、日本の将来の姿をかなりの程度具体的に描くことができます。

将来人口については、国立社会保障・人口問題研究所による推計が発表されています。それによると、まず日本の総人口は、将来、減少します。２０３０年の総人口は、現在より約１０００万人減少して約１億１７００万人となり、50年には９７００万人になります。

一般には、これが重要な問題と考えられています。そして、人口減少に歯止めをかけるべきだとの意見が多く見られます。しかし、総人口の減少は、日本全体として見れば、あまり重要な問題とは言えません。

まず、50年までの年平均減少率は、０・７％にすぎません。これは、通常の経済分析では無視し得る変化です。また、９７００万人という人口規模は、日本が活気に溢れていた１９６０年代の人口と同じであって、決して「少な過ぎる」ものではありません。

これまでの推移を見ても、総人口数が大きな影響を与えていると考えられるものは、あまりありません。

人口に直接に関係しているように考えられる経済活動として、住宅建設があります。実質住宅投資額は、１９９４年から２０１０年までの間に、ほぼ半減しています。したがって、これを人口減少と結び付けたくなるかもしれません。しかし、総人口はこの間にわずかではあるが、増加しているのです。

図表 7-2　人口高齢化の進展

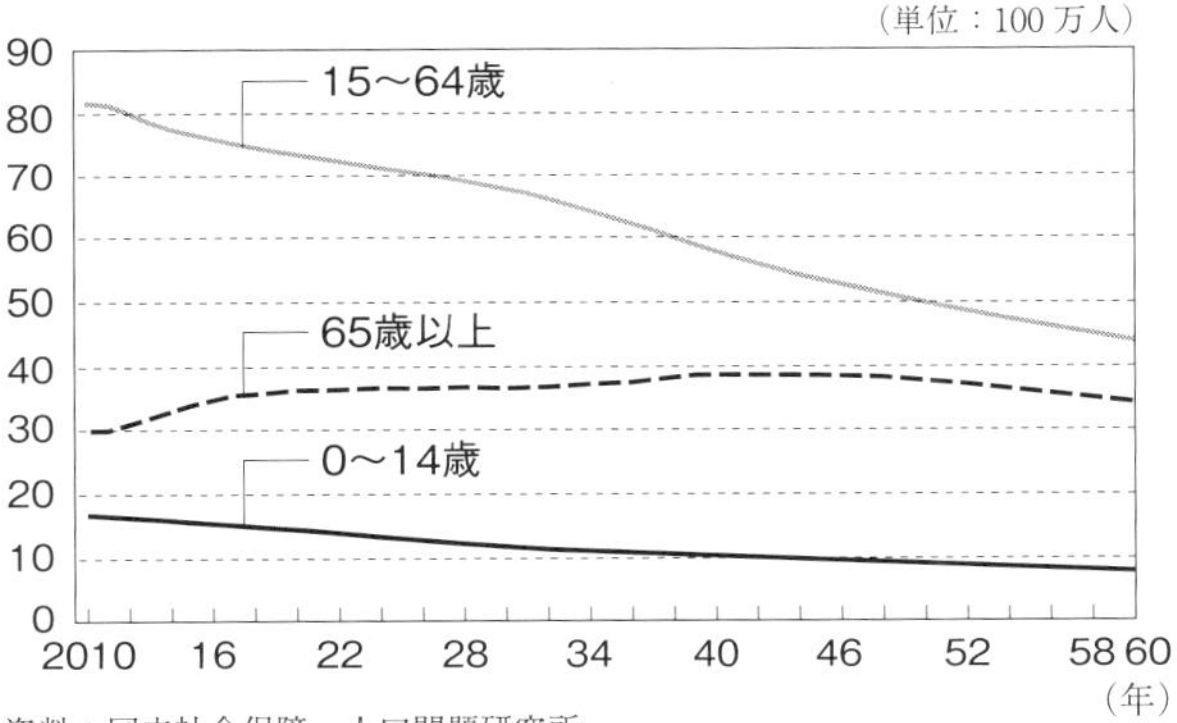

資料：国立社会保障・人口問題研究所

ただし、右に述べたのは、日本全体として見た場合です。過疎地など、地域別に見ると問題があることは、否定できません。

重要なのは年齢構成の変化

重要なのは、総人口の減少でなく、年齢構成の変化です。これは、総人口の減少よりはるかに大きな影響を、日本経済に与えます。

人口問題研究所の将来推計人口によって、人口の高齢化が今後どの程度進むかを見ると、図表7－2のとおりです。

重要な点が2つあります。第1は、生産年齢人口（15～64歳層）が、今後一貫して減少を続けることです。

2015年には約7700万人だったのですが、人口問題研究所の推計では、60年には約4

400万人となり、2015年の57％の水準に減少します。

第2は、高齢者人口が増えることです。65歳以上人口は、10年の約2900万人から、42年の約3900万人へと、約1000万人増加します。その後は緩やかな減少に転じますが、60年でも約3500万人です。

その結果、「依存率」が悪化します。これは、15〜64歳人口に対する14歳以下人口と65歳以上人口の割合です。この値は、10年には0・57であったのですが、30年に0・72となり、さらに50年には0・94となります。

これが引き起こす問題でとくに重要なのは、つぎの2つです。

第1の問題は、社会保障制度の問題です。給付を受けるのは主として高齢者であり、その負担が若年者にかかるため、今後問題が深刻化します。第2は、労働力が減少するという問題です。これらについて、以下に概観することとしましょう。

社会保障費が増加する

まず最初に、社会保障関係費の増加について見ましょう。社会保障関係費は、ほぼ高齢者人口の増加に比例して増加します。

国の一般会計の社会保障関係費のGDPに対する比率を見ると、2005年度に4・0

%であったものが、10年度には5・7%に上昇しました。15年度には6・2%にまで上昇しています。

今後はどうなるでしょうか？　すでに見たように、65歳以上人口は、今後も増え続けます。したがって、社会保障制度を現状のままとしても、社会保障関係費の対GDP比は上昇せざるをえません。

このため、現在の制度が破綻する危険があります。破綻しないとしても、財政的に大きな負担となります。これは、社会保険料の引き上げや税率の引き上げを通じて、過大な負担を生産年齢人口に掛けることになるでしょう。

この問題については、第8、9章で論じることとします。

労働力人口は、2030年頃には現在より1000万人減少する

高齢化が引き起こす第2の問題は、労働力の減少です。日本経済は、労働力不足経済に突入するのです。

内閣府「労働力人口と今後の経済成長について」(平成26年3月)によれば、2013年における全労働力は6577万人ですが、30年には894万人減少して5683万人になります（図表7－3参照）。

図表7-3　将来の労働力推計

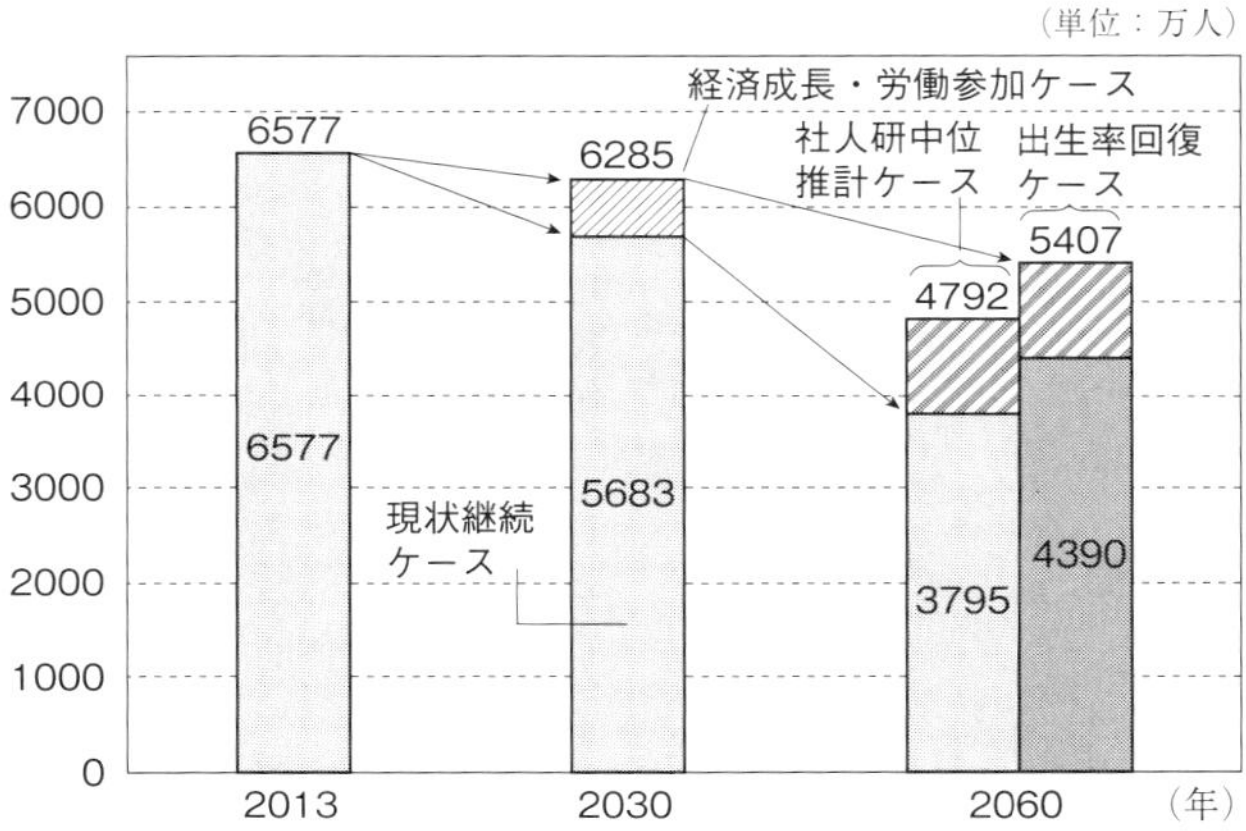

資料：内閣府

13年と30年の間を直線補完すれば、25年における労働力は５９４６万人になります。つまり、現状より１０００万人近く減ります。これは現在の製造業の全就業者数に匹敵するほどの大きさです。

この数字をチェックするため、将来推計人口の計数を基として、将来の労働力人口を別途推計してみましょう。総務省「労働力調査」によって労働力率（人口に対する労働力人口の比率）を見ると、経済全体で、１９７０年代から90年代までは63〜64％程度であったものが、90年代の末から急速に低下しています。２０１３年では59・３％です。これは、人口の高齢化によるものです。そこで、将来の労働力率は年齢別には13年度と同じであるものと仮定しましょう。

年齢階級別の人口としては、国立社会保障・人口問題研究所（社人研）の日本の将来推計人口（平成24年1月推計）の「出生中位（死亡中位）推計」の数字を用います。

以上の想定を置いて計算を行なってみると、結果は、つぎのとおりです。

２０２５年では、労働力は６０５９万人になります。前記内閣府の推計より若干多い結果ですが、誤差の範囲と言えます。10年に比べると、６７４万人の減です。その後の推移を見ると、30年で５８３４万人となり、10年より８９９万人の減。32年に５７４０万人となり、約１０００万人減。40年で５１５６万人となり、１５７７万人減。50年で４５３０万人となり、２２０３万人の減です。これらの数字は、かなり確かな見通しだということができます。

介護のための労働需要が大幅に増加

人口高齢化により、医療・介護に対する需要は今後ますます増えるでしょう。中でも、介護に対する需要の増加が顕著でしょう。以下では、まず介護の問題を考え、つぎに医療・介護全体を考えることとします。

第３章で見たように、医療・介護部門の就業者は高い率で伸び続けてきました。高齢化によって医療・介護への需要が増大するため、今後もこの部門が日本で最大の成長産業となるでしょう。

介護が必要と認定される人の大部分は、75歳以上です。75歳以上人口は、1960年には164万人でしかありませんでした。80年でも366万人です。ところが、将来推計人口によると、2010年に1419万人であった75歳以上人口は、20年には1879万人と1・3倍になり、30年には2278万人になります。65〜74歳人口は16年がピークで、それ以降20年代末まで減少するのですが、75歳以上人口はこの間も増加を続けるのです。

そして、17年以降は、65〜74歳人口より多くなります。

要支援・要介護者は、75歳以上人口の増加にほぼ比例して増加するでしょう。したがって、30年頃には、10年の1・6倍程度に増えるでしょう。

認定者はこれまでも増えてきました。00年度には256万人だったのが、12年度には561万人と、2・2倍になっています。それが今後さらに増加するのです。

要支援者、要介護認定者は、自立のために他人の扶助を必要とする人たちです。こうした人々を介護するのに、多くの介護従事者が必要になります。

他方で若年者人口の減少によって労働供給が減少することを考えると、医療・介護部門の就業者が総就業者中に占める比率が、25％程度まで膨れ上がる可能性があります（詳細は、拙著『２０４０年問題』ダイヤモンド社、２０１５年を参照）。これは、これまでの日本社会とはまったく異質の社会で、とても維持することができない異常な構造です。

以上は、労働力の需給という観点から見たものです。第７章では、費用の面からこの問題を見ます。人口高齢化の進展によって、医療介護費が増大することが予想されます。この主たる担い手は現役世代ですが、少子化によって数が減少します。高負担に耐えかねて、国の将来を担う優秀な人材が海外に流出してしまうかもしれません。

経済政策の基本を変更する必要がある

これまでの日本では、「雇用の確保」が経済政策の重要な目的でした。しかし、今後は「人手の確保」のほうが重要な課題になります。

また、これまで賃金上昇は望ましいことと考えられていましたが、労働供給の減少による賃金上昇は、コストプッシュインフレを引き起こすという意味で、望ましくないものと見なされる可能性があります。こうした大きな変化が生じつつあることは、まだ十分に認識されていません。

労働力不足経済においては、雇用確保より労働者確保が重要な課題になります。これは、いくつかの重要な含意があります。とりわけ重要なものとして、次の２点を指摘することができます。

第1は、生産活動が海外移転することの評価です。これは、国内雇用を減らすという意味で望ましくないものであり、回避すべきものと考えられてきました。しかし、労働力不足経済においては、生産活動の海外移転は、むしろ望ましいものと評価されるでしょう。なぜなら、それによって国内の労働力逼迫が緩和されるからです。

生産活動の海外移転は、輸出を減らし、貿易収支を赤字化する点でも問題だとされます。しかし、第2章の**製造業の海外移転は不可避**の項で述べたように、海外生産の利益が日本に還流すれば、所得収支の黒字が拡大します。それによって、経常収支の赤字化を防ぐことができます。企業活動の海外移転は、以上で見たような労働市場の構造変化に対応して、日本企業が合理的な戦略を取っていることの結果だと評価することができるでしょう。

第2は、労働供給面の対応です。女性や高齢者の労働参加を高めることは、もちろん必要です。ただし、そのためには、育児支援の拡充や在職者年金制度の改革など、さまざまな政策対応が必要です。仮にそうした施策がなされて労働力供給の落ち込みを防ぐことができたとしても、それだけで十分とは言えません。図表7－3で見た内閣府の試算が、それを示しています。

出生率引き上げは解にならない

少子化への対策として、出生率引き上げが必要と言われます。日本政府も、「少子化対策」が必要としています。成長戦略においても、出生率向上によって人口を1億人に維持することが目標とされています。これは一見して正しい政策のように見えます。しかし、そうではないのです。

第1の理由は、労働問題に影響を与えるほど短期間のうちに、出生率が顕著に上昇するはずがないことです。第2は、仮に上がったとしても、日本が直面する問題には間に合わないことです。なぜなら、65歳以上人口のピークは2040年頃だからです。いまから出生率が上がっても、40年には一番年上が25歳くらいにしかなりません。生産年齢の中心にやっと達したところです。それまでの期間は、むしろ従属人口が増えるだけで、生産年齢人口の負担はかえって増えます。いま出生率を引き上げれば、問題が深刻であるまさにその期間において、問題をさらに深刻化させることになります。

誤解のないように付言すれば、私は「出生率を引き上げるべきでない」と言っているのではありません。出生率が高まることそれ自体は望ましいことです。しかし、それは労働力不足対策にはなりえません。政府の政策は、「何かをやっている」という言い訳の材料を作るためのものであって、直面する問題に対する有効な対策にはなりえないのです。

外国人労働者が異常に少ない

労働力減少に対する適切な対策とは、外国から労働力を受け入れることです。しかも、短期滞在者だけではなく、移民を大幅に増やす必要が生じます。それは世界標準になっています。しかし、日本における外国人労働者は極端に少ないのです。この点で、日本はきわめて例外的です。

OECDの統計 International Migration Outlook によって具体的な数字を見ると、つぎのとおりです。

日本では、2013年における移民は約5・7万人であり、人口の0・045%にしかなりません。これは、韓国の6・7万人、0・13%より低い数字です。

それに対して、アメリカでは、移民は約100万人であり、人口の0・3%になります。ヨーロッパ諸国では、この比率は0・5%から1%程度です。スイスでは1・7%にもなります。オーストリアは1・1%、イギリスは0・5%、ドイツは0・6%です。

同じ資料によると、人口に占める外国人(ストック)の比率も、日本は低くなっています。14年で1・7%であり、韓国の2・2%より低い水準です。

ところが、ヨーロッパ諸国は10%程度のところが多くなっています。スイスは22・5%

にもなります（11年）。オーストリアは12・6％、アイルランドは12・1％です。イギリスは7・8％であり、アメリカは7・0％です。

日本のように低い比率は、世界でまったく例外的です。「ヨーロッパ諸国は旧植民地との関係があるから、日本とは比較にならない」という意見があるかもしれませんが、それを考慮しても、日本の数字は低すぎます。

つまり日本は深刻な労働人口減少に直面するにもかかわらず、外国人労働者の受け入れが極端に少ないのです。どう考えても合理的な選択とは言えません。

それにもかかわらず、これについての日本政府の対応は及び腰であり、技能実習制度の拡充などで済まそうとしています。しかし、これだけの労働力不足が予測されているにもかかわらず移民を拒絶し続けるのは、およそ現実的な政策とは考えられません。根本的な発想転換が必要です。

第8章

膨張を続ける医療・介護費

高齢化社会と社会保障① 医療・介護

高齢化の進展に伴って、医療・介護のウエイトが上昇します。この章では、日本の医療介護制度がどうなっているか、そこにはどのような問題があるかを論じることとします。医療費と負担との関係は、年齢層によって大きな差があります。とくに問題となるのは高齢者医療であり、今後人口高齢化が進行するため、高齢者医療費が増加すると予想されます。こうした事態に対処するには、自己負担率の引き上げが必要とされるでしょう。

◇◇◇◇◇◇◇◇◇◇◇◇◇◇◇◇◇◇◇◇◇◇

日本の医療保険制度の概要

日本の医療保険の概要は、図表8－1に示すとおりです。

日本国民は、必ずどこかの医療保険に加入しています。大別すると、サラリーマンが加入する被用者保険（職域保険）と、自営業者・サラリーマン退職者などが加入する国民健康保険（地域保険）、そして、75歳以上が加入する後期高齢者医療制度になります。

被用者保険は職業によっていくつかの種類があり、企業のサラリーマンが加入する協会けんぽ（旧政管健保）と健康保険組合、そして、公務員が加入する共済組合があります。

医療費の負担はどうなっているのでしょうか？

厚生労働省『平成26年度 国民医療費の概況』によると、２０１４年度においては、医

図表 8-1　医療保険の概要

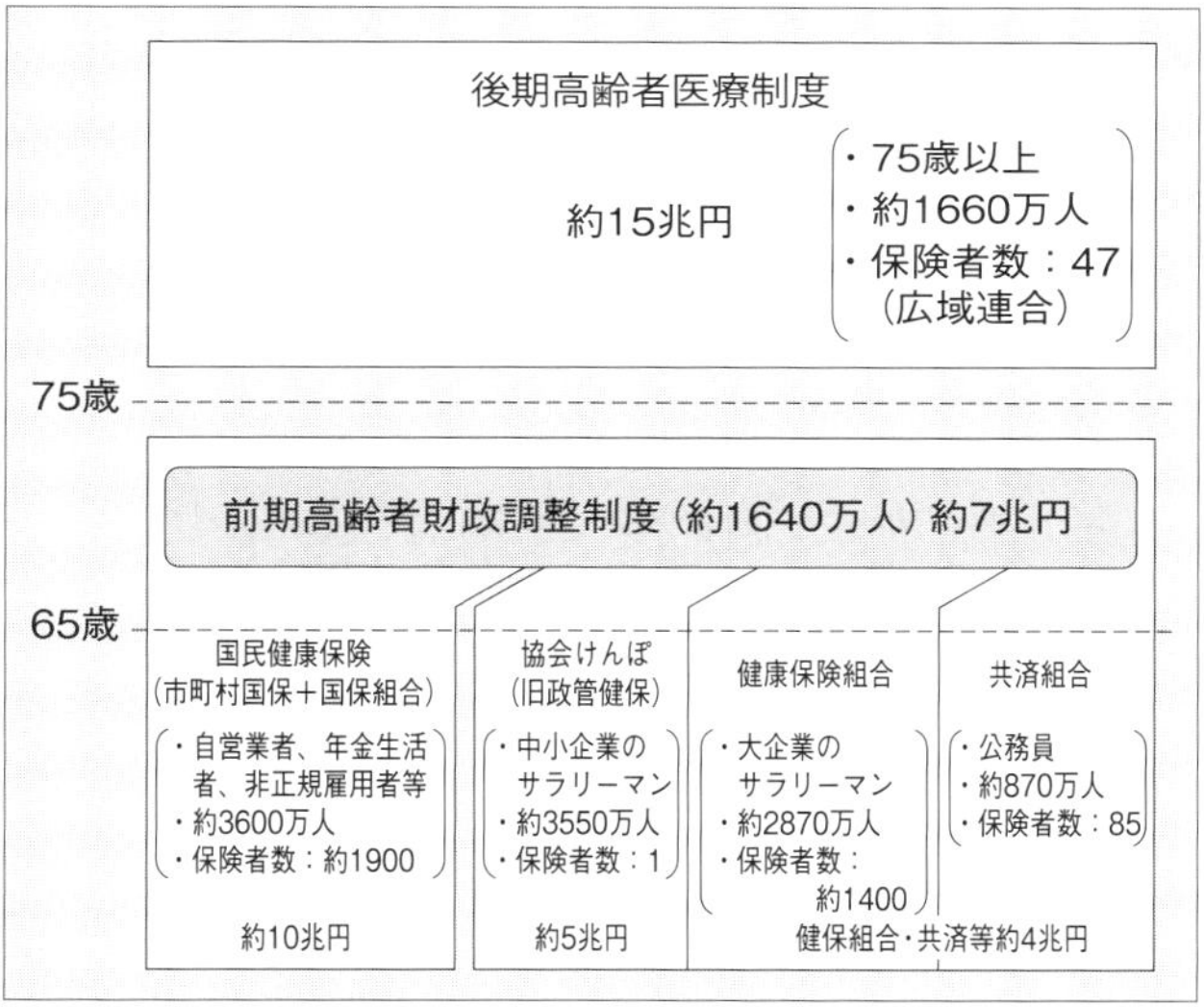

注：数字は、2016 年度予算ベース
資料：『平成 28 年版　厚生労働白書』図表 3-1-2

療費の総額は40・8兆円であり、その財源の内訳は、公費が15・9兆円で38・8％（うち、国庫が10・5兆円で25・8％、地方が5・3兆円で13・0％）、保険料が19・9兆円で48・7％、患者の自己負担が4・8兆円で11・7％となっています。

自己負担率は、70歳未満が3割（義務教育就学前は2割）、70歳以上75歳未満の者は所得に応じて2割、または3割。75歳以上の者は所得に応じて1割または3割となっています。

また、月ごとの自己負担限度額を超えた場合に、その超えた金額を支給する「高額療養費制度」があります。

高齢化で国民医療費の対GDP比率が上昇した

右で見た2014年度の国民医療費40・8兆円のGDPに対する比率は、8・33％となっています。

国民医療費は、1988年度には18兆7554億円だったので、現在の総額は約2倍になっています。なお、当時の対GDP比は、4・84％でした。

年間伸び率を見ると、07年以降の増加率は2〜3％程度となっています。1960年代から70年代にかけては、年間増加率が20％を超えていたときも多かったので、それに比べれば増加率は低下したと言えます。

医療費の伸びが鈍化したのは、経済成長率や物価上昇率が鈍化したこととの影響もあります。そこでGDPに対する比率の推移を見ると、図表8－2に示すとおりです。70年代後半から80年代前半にかけて比率がほぼ一定になったことを除けば、長期的に見て上昇傾向にあることが分かります。とくに90年代以降の上昇が顕著です。この結果、50年代後半から70年代前半にかけてほぼ3％程度であったものが、80年代になって5％程度となってい

図表 8-2　国民医療費の対 GDP 比の推移

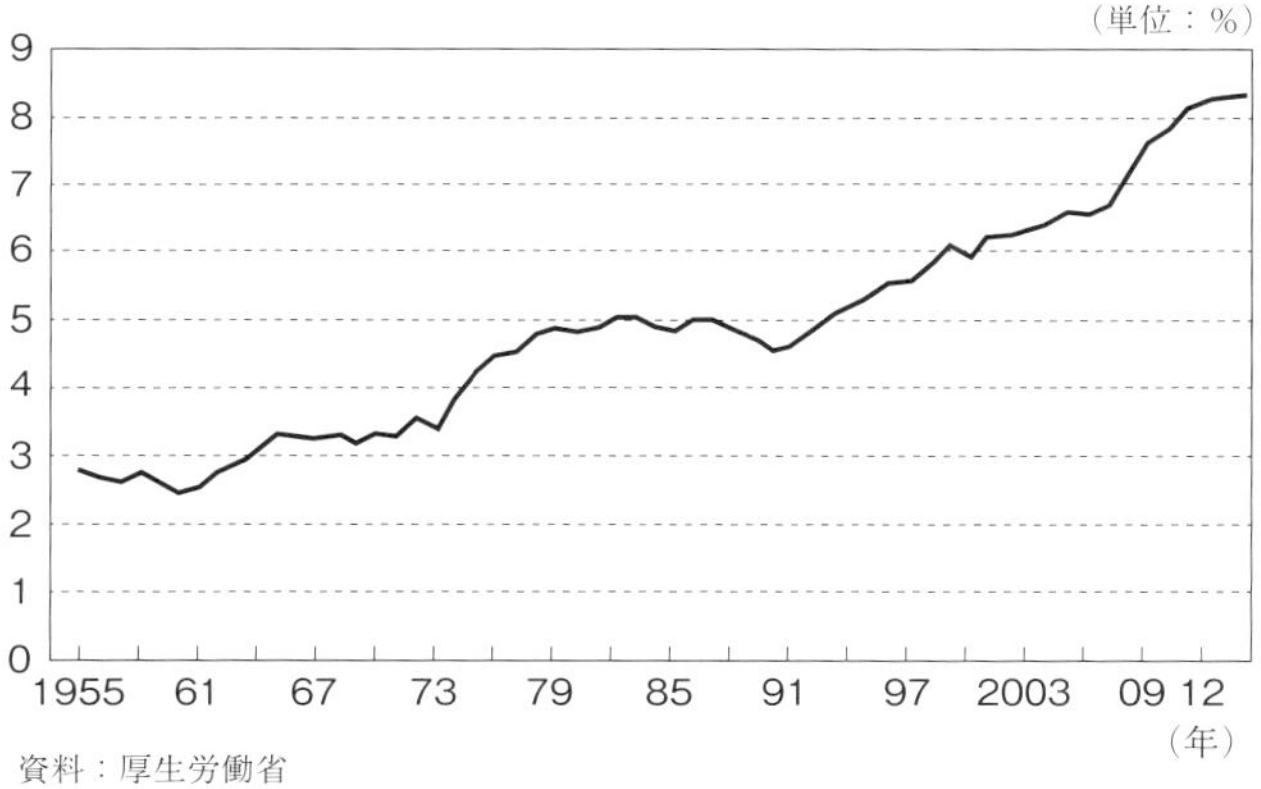

資料：厚生労働省

ます。そして、２０１１年度に８％を超えたのです。

なお、介護総費用は、12年度で８・９兆円でした。これは、12年度の名目ＧＤＰ４７２・６兆円の１・８８％です。

医療・介護費の増加をもたらした要因としてはいくつかのものが考えられますが、最大のものは、高齢者人口の増加です。

実際、医療費の対ＧＤＰ比率と人口の年齢構成の関係を見ると、両者の間に高い相関が見られます。65歳以上人口が総人口に占める比率は、１９５５年には５・３％だったものが、85年に10・３％となり、２０１１年には23・３％となりました。

65歳以上人口比率に対する医療費の対ＧＤＰの比率は、１９８５年頃までは、ほぼ０・

5前後の値でした。ただし、その後、この比率は低下しています（2011年では0・35）。

こうなった要因としては、医療費抑制もあるでしょうが、最大の要因は、00年4月から介護保険制度が開始されたことに伴い、それまで国民医療費の対象となっていた費用の一部が介護保険の費用に移行したことです。医療と介護を合わせた費用の対GDP比は、11年度で9・8％程度です。この数字を用いると、65歳以上人口比率と医療費の対GDP比の比率は0・42となり、1985年度に比べてさほど低下していません。

老人医療無料化で受診率が急上昇した

医療費のなかでとくに大きな問題を抱えているのは、高齢者の医療費です。

医療費のうち、高齢者の医療費は3分の1程度と、大きな比重を占めています。しかも、伸び率も高くなっています。高齢者は医療機関にかかる頻度が高く、入院日数も長いので、医療費が高くなるのは、当然のことです。厚生労働省の推計によれば、2025年には老人医療費は、国民医療費の約6割に達すると見込まれています。

しかし、高齢者の受診率は、もともと高かったわけではありません。入院でも外来でも、65歳以上の受診率は、1960年においては他の年齢層とほぼ同じでした。ところが、60年代に急上昇し、他の年齢層の4倍から6倍というかけ離れて高い受診率になったのです。

これには、１９７０年代に行なわれた老人医療の無料化が大きな影響を与えています。

これによって高齢者の受診率が急上昇し、病院のサロン化や過剰診療が問題となりました。また、要介護者が病院を占拠する結果、本当に入院を必要とする人が入院できなくなるような事態も生じました。

これに対してさまざまな措置が取られ、83年からは、老人保健制度は市町村の事業となりました。また、受給者本人の自己負担が設けられました。

それにもかかわらず高齢者医療費は伸び続け、政府は数年おきに自己負担上限額の引き上げを行なわざるをえなくなりました。そして、２００８年に後期高齢者医療制度が発足したのです。

本章の最初に述べたように、後期高齢者医療制度は、他の医療保険とは独立した医療保険制度です。都道府県ごとに置かれる後期高齢者医療広域連合が保険者となります。保険料は市町村が徴収し、後期高齢者医療広域連合に納付します。徴収方法は特別徴収（年金からの天引き）が原則です。

なお、前期高齢者（65〜74歳）は、現役世代の医療保険に留まり、保険者間で財政調整支援が行なわれます。

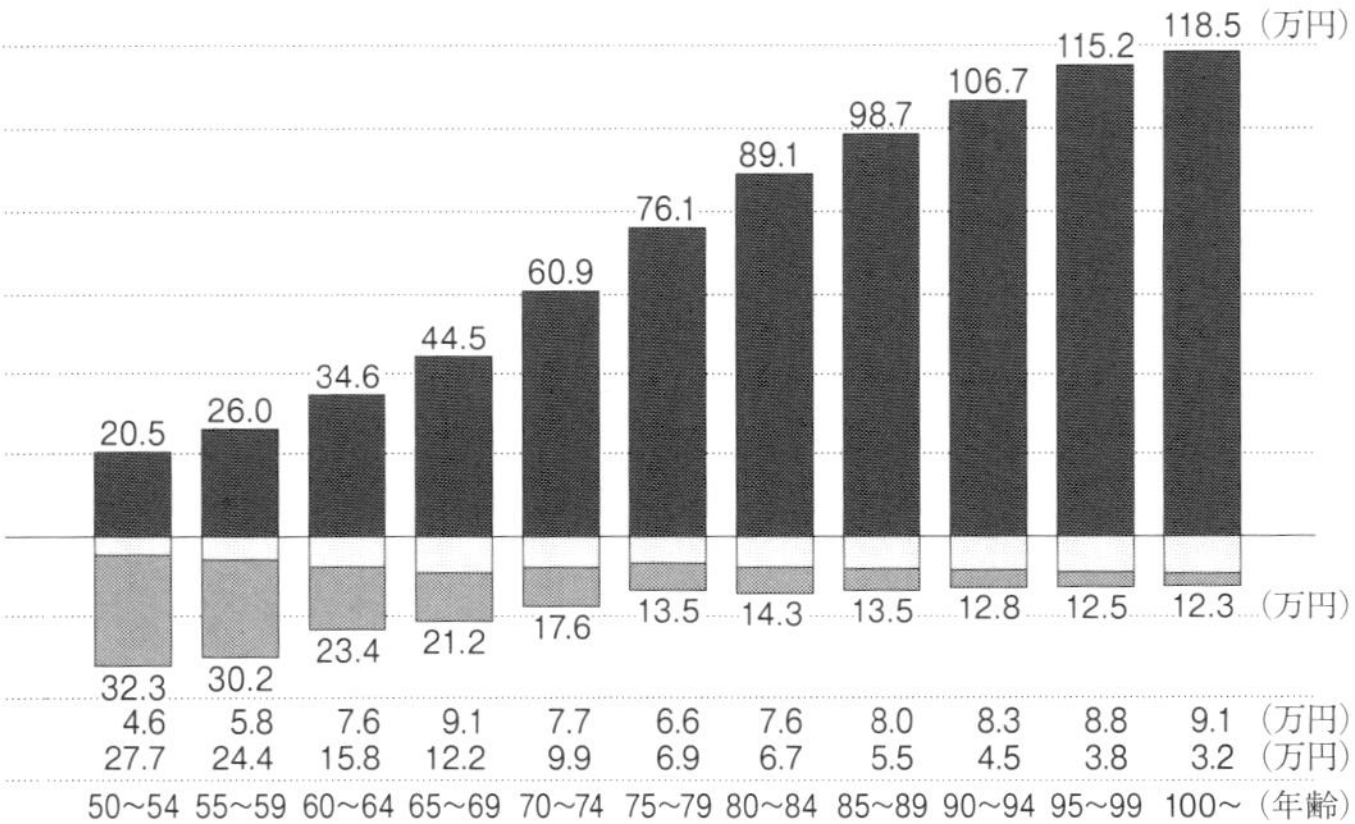

高齢者の自己負担率が低すぎる

医療費について、受益と負担の関係を年齢別に見ると、かなりの差があります。厚生労働省「年齢階級別1人当たり医療費、自己負担額及び保険料の比較（年額）（平成22年度実績に基づく推計値）」によると、図表8－3のとおりです。

20～59歳層については、医療費より「保険料および自己負担額」のほうが大きくなっています。たとえば、40～44歳の場合には、保険料および自己負担額が1人当たり年額28・6万円であるのに対して、医療費はその半分未満の13・0万円でしかありません。

しかし、60歳以上になると、この関係が逆転し、医療費のほうが「保険料およ

図表 8-3　年齢階級別1人当たり医療費、保険料及び自己負担額の比較(年額)
(平成 22 年度実績に基づく推計値)

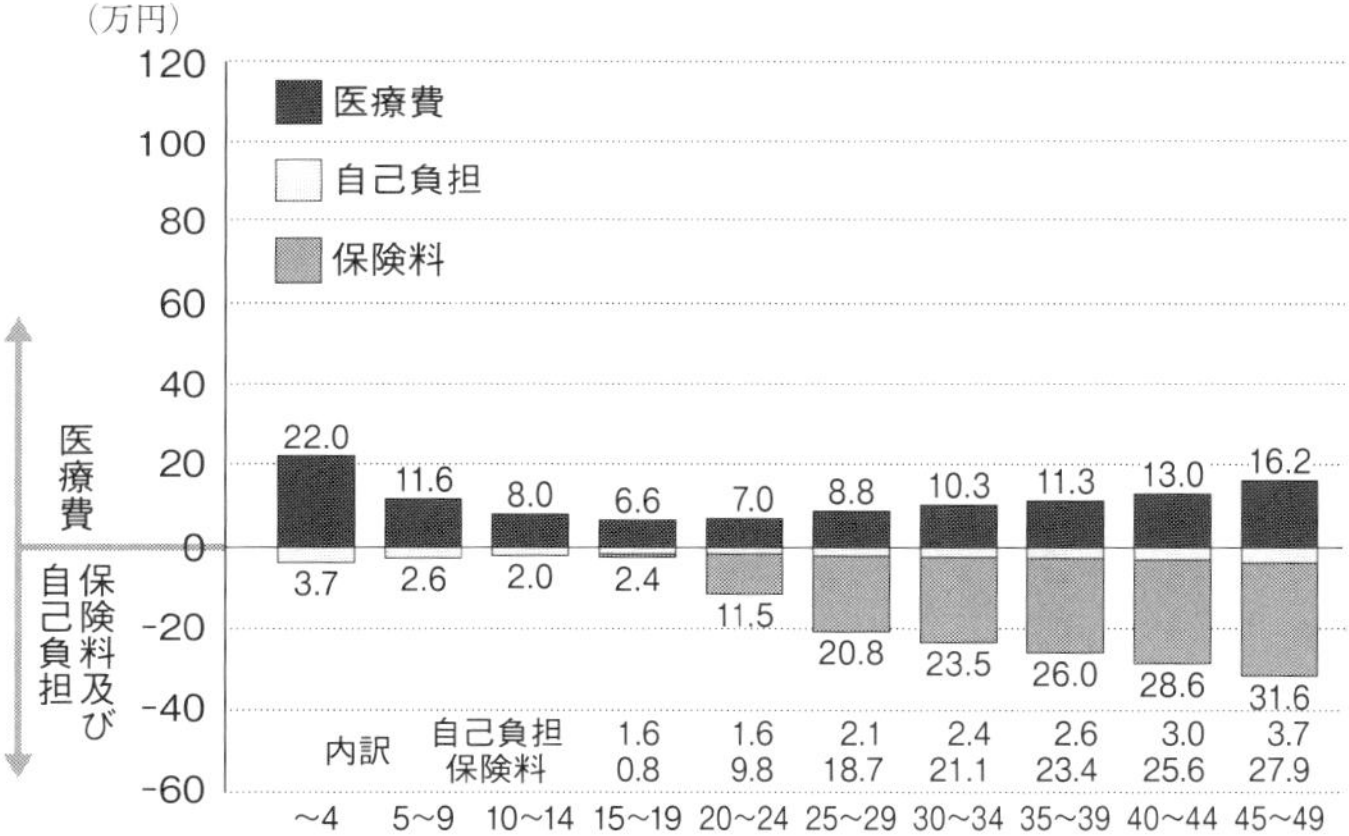

資料：厚生労働省

び自己負担額」より大きくなります。

たとえば、75〜79歳では、医療費が1人当たり年額76・1万円であるのに対し、「保険料および自己負担額」は13・5万円でしかありません。自己負担は6・6万円と、医療費の8・7%でしかありません。

すでに述べたように、75歳以上の自己負担率は1割または3割となっているのですが、実際にこのように低くなっているのは、高額療養費制度の影響です。

たとえば、70歳以上の場合には、1ヵ月の負担の上限額は、「一般」の場合に4万4400円、所得がゼロだと1万5000円でしかありません。

図表8-3で見たように、1人当たり

年間医療費は、70歳を超えると60万円を超え、90歳を超えると100万円を超えます。それにもかかわらず、自己負担はこのように低いのです。しかも、所得によって上限が決められるため、いかに巨額の資産を持っていようと、ほとんど自己負担なしに医療サービスを受けられることになります。

65歳以上の5人に1人以上が要介護・要支援

つぎに介護を見ましょう。

日本の介護システムの中心にあるのは、2000年4月1日に発足した介護保険制度です。40歳以上の者が被保険者となります。このうち、65歳以上の者を第1号被保険者、40歳以上65歳未満の医療保険加入者を第2号被保険者と呼びます。

まず給付を見ましょう。介護の必要性を判断するために、最も軽度の要支援1から最も重度の要介護5まで、7段階の要介護度が設けられ、介護度ごとに支給限度額が設定されています。支給限度額を超えるサービスを受けた場合、超える分の費用は全額利用者負担となります。また、対象外のサービスは、全額自己負担です。

さらに、受けたサービスの1割は自己負担となります（15年8月から、所得の多い高齢者の介護費の自己負担割合は2割）。

「平成26年度介護保険事業状況報告」によると、要介護、要支援と認定された者は、14年度末現在で606万人です。なお、第1号被保険者数は、3302万人であり、そのうち要介護・要支援認定者は592万人です。

保険給付額は、14年度で8・9兆円です。第1号被保険者1人当たりでは、保険給付は年間27万円となっています。これは平均値であって、介護に必要な費用は、要介護度によって大きく異なり、給付額も介護状態によって大きく違います。

介護保険の保険者は、市町村とされています。介護サービスの費用のうち、被保険者の負担分以外の部分（この部分を「介護給付費」という）の半分を被保険者の保険料で、残りの半分を公費で賄います。

要介護状態等にあることが市町村から認定された被保険者（要介護者等）は、保険給付を受けます。これには、訪問介護、通所介護等の居宅サービスと、介護老人福祉施設等における施設サービスがあります。

医療・介護費の対GDP比率は2025年で13%近くになる

今後、人口高齢化が進展するため、医療・介護費は増大すると予測されます。

第3章においては、労働力の需給という観点からこの問題を見ました。ここでは、費用の面から見ます。

厚生労働省の「医療・介護に係る長期推計」(2011年6月)によると、2025年における医療・介護費の対GDP比率は、現状投影シナリオでは、12・8〜12・9%になります。

この数字は、つぎのように考えても、妥当と分かります。国立社会保障・人口問題研究所の将来推計人口(平成24年1月推計。出生中位、死亡中位)によると、65歳以上人口の比率は11年に23・3%ですが、25年に30・3%と、11年の1・3倍となり、さらに40年には、36・1%と、1・5倍になります。

医療・介護費の対GDP比率が65歳以上人口の比率に比例して上昇するとすれば、11年に9・8%である比率は、25年には12・7%となり、40年には15・2%になるはずです。25年の数字は、厚生労働省推計(現状投影シナリオ)とほとんど同じです。このことから見ても、「医療・介護費の対GDP比は65歳以上人口比に比例する」と考えてもよいことが分かります。

日本の社会保障制度は、保険料や負担を所得にリンクさせています。その半面で、資産は考慮されていません。ですから、巨額の金融資産などを保有する高齢者でも所得がなければ、負担を免れることになります。この状況は、改善される必要があります。

社会保障制度は、社会保障という枠内でのみ議論されることが多いのですが、第7章で述べたような移民の問題、そして所得と資産の関係なども考えなければ解決がつかない、幅の広い問題なのです。

第９章

公的年金が人口高齢化で維持不可能になる

高齢化社会と社会保障②
公的年金

この章では、公的年金について考えます。最初に、現行の年金制度がどのようになっているかを概観したあと、年金の財政構造を見ます。財政検証が行なわれていますが、非現実的なほど楽観的な仮定によって、問題が覆い隠されています。将来、保険料納付が減少して年金給付者が増加するため、給付を圧縮しないかぎり、公的年金制度を維持することはできません。これに対処するにはマクロ経済スライドの強化が必要です。

◇◇◇◇◇◇◇◇◇◇◇◇◇◇◇◇◇◇◇◇◇◇

日本の公的年金制度

日本の公的年金は、図表9－1に示すように、厚生年金（サラリーマンなどが加入）と国民年金（自営業者などが加入）を中心として組み立てられています（公務員が加入する共済年金は、厚生年金と別の制度でしたが、２０１５年10月に統合され、被用者年金が一元化されました）。以下の議論は、厚生年金を中心として行ないます。

厚生年金の保険料率は、標準報酬（給与や賞与などから計算される額）の一定率（17年度以降は18・３％）であり、本人と雇用主が折半負担します。加入期間が25年で受給資格が発生し、受給開始年齢（最終的には65歳）に達すると、年金額を裁定（受給資格を確認して年金額が決められること）されて、年金を受給できるようになります。

図表 9-1　公的年金制度の概要

（数値は2015年3月末）

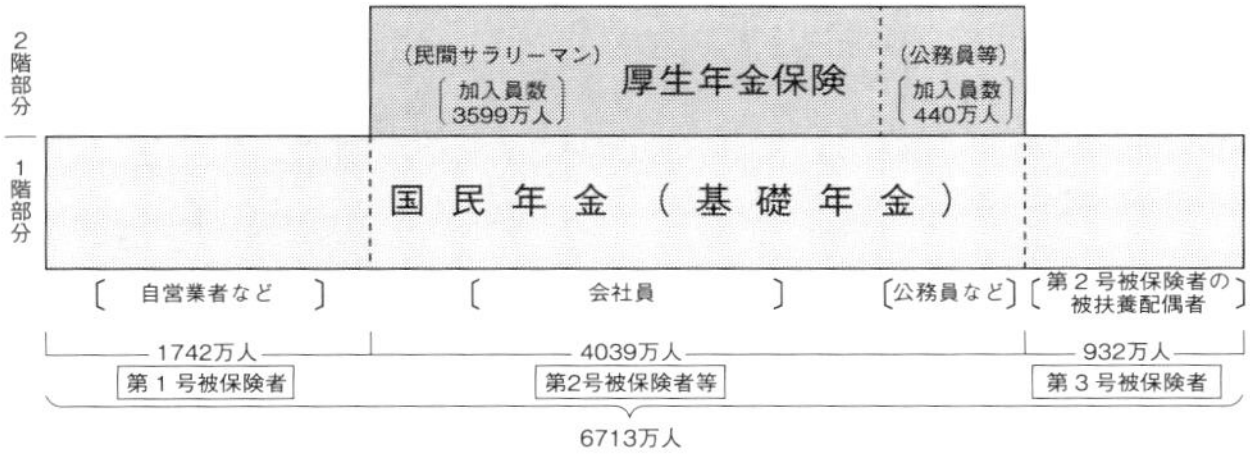

資料：厚生労働省

年金の財政方式には、「積立方式」と「賦課方式」があります。

「積立方式」とは、ある世代について、支払った保険料と年金支払いを（割引現在値で）均衡させる方式です。これに対して「賦課方式」とは、その年度の保険料収入によってその年度の年金を支払う方式です。

日本の公的年金制度は、当初は積立方式で運営されることとなっていましたが、運用利回りを高く見積もりすぎていたため維持できなくなり、賦課方式的な年金財政に転換しました。

年金の潜在的債務は膨大

公的年金を民営化すべきだという議論があります。それは可能でしょうか？

白紙状態であれば、年金を民間企業が提供することは可能です（それがよいかどうかは別問題として）。しかし、公的年金制度はすでに存在しているので、それを民営化するには、いったんそれまでの公的年金を清算して解散することが必要です。

これに関するデータは、厚生労働省年金局数理課、『平成21年財政検証結果レポート――「国民年金及び厚生年金に係る財政の現況及び見通し」（詳細版）』（平成22年3月）に示されています。

それによると、厚生年金の場合、「過去期間に係る給付」が830兆円です。これは、過去の保険料負担に対応する給付です。つまり、いま年金を受給している人か将来年金を受給できる人が、将来にわたって得る年金のうち、すでに支払った保険料に対応する分の割引現在値です。

ところで、給付に対しては、国庫負担金が一般会計から支出されます。その現在値が「過去期間に係る国庫負担」であり、これは190兆円です。したがって、厚生年金が受け持つべき額は、830－190＝640兆円になります。

ところが、2014年度末の積立金額（時価）は、約105兆円しかありません（共済年金と合わせると約112兆円）。だから、約535兆円不足していることになります。

国民年金については、過去期間に係る給付が120兆円、過去期間に係る国庫負担が60兆円、積立金が約10兆円なので、不足額は約50兆円です。

不足額を合計すると、約585兆円となります。14年における保険料収入は、厚生年金が25・6兆円（共済年金を含むと30・1兆円）、国民年金が1・6兆円です。したがって、不足額はこれらの合計の約22年分というとてつもない額です。

以上で見た不足額は、公的年金が抱えている潜在的な債務と考えることができます。なぜなら、いま公的年金を清算しようとすれば、これだけの額を調達する必要があるからです。

もちろん、公的年金を清算する必要はありません。だから、不足額をいま調達する必要もありません。しかし、その分は、国が加入者（雇用者を含む）から「借りている」と考えることができます。加入者はすでに保険料を払い込んでいるから、原理的には、解約してその返還を求めてもいいはずです。ただし、実際には、公的年金からの脱退は認められていません。つまり、国は加入者に対して、585兆円を国に貸し付けることを強制しているわけです。

この借金に対して、借入証書は発行されていません。この点で、普通の国債と違います。しかし、国が借金を負っていることに変わりはありません。つまり、公的年金は目に見えない国債を発行しているのであり、その経済的効果は、基本的には国債と同じです。したがって、マクロ経済の議論においては、右の不足分も国の赤字に加えて考える必要があります。

一般会計が発行する国債の残高は、16年度末で838兆円の見込みです。右に見た585兆円は、それとあまり変わらぬ規模です。つまり、国の赤字残高は、通常いわれるものの約1・7倍である1400兆円程度と考える必要があるのです。

もっとも、公的年金の債務は、正確に言うと、一般会計の国債とは違う面もあります。最も大きな違いは、支出（年金給付）がすでに行なわれたわけでなく、将来行なわれることです。この意味で、交付国債と同じものです（交付国債とは、現金支出の代わりに交付する公債。現在一括して支払いせずに、将来にわたって支払いをするための手段です。したがって、この発行によって国が現金収入を得ることはできません。第2次大戦後の農地改革のときに旧地主に交付された農地証券がその例です）。

ただし、将来の支払いはすでに約束しており、制度変更をしなければこれを削減することはできません。だから、「支出がすでになされたか、将来なされるか」の違いは、本質的なものではありません。

必要な保険料を低く見積もり過ぎた

なぜこのような巨額の赤字が存在するのでしょうか？

それは、公的年金の初期の段階において、制度の基本設計を間違え、必要な保険料を低く見積もり過ぎたからです。

誤りが生じたのは、１９６０年代頃より前のことです。その頃に行なわれた保険料の計算では、厚生年金は標準報酬の６・９％の保険料、国民年金は月額４０３円の保険料で、それぞれ制度を永遠に維持できるとされたのです。いま見れば、これは、夢のような話です。国民は「この程度の保険料で老後生活が保障されるなら」と考えて、年金制度の大拡張を受け入れたのです。「国家百年の計を誤った」と言わざるをえません。

当時の厚生省が保険料を低く見積もった理由は、「成長率と割引率の想定」を誤ったことです。

まず、給付や保険料の額は、将来不変であると仮定しました。つまり、ゼロ成長経済を想定したのです。そして、将来の給付や保険料を５・５％の割引率で割り引いて現在値を求めました。そして、保険料と国庫補助の合計の現在値が給付の現在値と等しくなるように、保険料を定めたのです。これは、「その値で、未来永劫に制度が維持できる」保険料であるとされ、「平準保険料」と呼ばれました。

誤りの本質は、ゼロ成長ではありえない高過ぎる割引率を用いたことです。「高い割引率を用いる」というのは、将来生じる問題を小さく評価することを意味します。つまり、人口高齢化の効果を著しく過小評価したのです。

「割引率」は、「積立金の運用利回り」と考えることもできます。右の想定は、「ゼロ成長経済において、積立金だけが異常に高い利回りで増えてゆく」と想定するのと同じです。だから、「安い保険料でよい」ということになったのです。

その後の90年代に停滞経済を経験した日本人は、「ゼロ成長経済では5・5％の運用利回りなど、実現できるはずはない」と理解できます。しかし、高度成長のさなかにあった厚生省には、これが理解できなかったのです。これは、基本的な経済的センスの欠如と言わざるをえません。

その後、再計算を行なうたびに平準保険料（率）は引き上げられてきました。これを見れば、計算法が間違いだと気づきそうなものですが、ゼロ成長の仮定が外されたのは、73年になってからです。

このような重大な誤りが気づかれなかったのは、80年代の前半までは、本格的な給付が少なかったからでしょう。このため、保険料と給付の関係がどのようなものであっても、現実の年金収支には問題が生じません。それどころか、積立金は年々増加したのです。

その後、厚生省は、保険料が低過ぎた理由として、「国会審議の過程で保険料が値切られたから」と説明しました。つまり、責任は政治家にあるというわけです。保険料率6・9％から5・5％に値切られたのは事実ですが、そもそも提案した保険料が安過ぎたのです。ですから、この説明は「まやかし」です。

しかし、現実にはこのように低い保険料では制度を維持できないことが分かってきました。そこで厚生省は、制度改定ごとに保険料を引き上げ、給付額を切り下げてきました。つまり、年金制度の見直しとは、過去の誤りの訂正過程に他ならなかったのです。

「100年安心年金」と財政検証

2004年の年金改革法において、「保険料水準固定方式」が導入されました。これは、保険料率を17年の値に固定する仕組みです。

当時の政府・与党は、「この制度によれば、少子化や高齢化が進んでも、また経済成長が阻害されても、将来一定の年金給付水準を守ることができる」としました。

また、財政状況を検証するため、少なくとも5年に1度は「財政の現況及び見通し（財政検証）」を作成し、公表することとされました。ここには、おおむね100年間にわたる年金財政の見通しが示されています。

最新版の財政検証は14年6月に公表されています。これによれば、保険料率が17年からは18・3％になるという前提の下で、概して問題は起こらないとされています。

財政検証の本来の目的は、負担を所与とした場合に、どの程度の給付水準調整が必要かを客観的に示すことです。しかし、04年に年金制度改正を行なった際に、「100年安心年金」のキャッチフレーズの下に、所得代替率を50％に維持することを公約として掲げたため、実際の財政検証は、「50％以上の所得代替率を今後100年にわたって維持する」ことが可能であるのを示すことが目的となってしまっています。ここで「所得代替率」とは、年金給付額とその時点での現役世代の平均収入（ボーナス込みの手取り賃金）との比率です。

財政試算には、カラクリが隠されています。「今後50年以上の期間にわたって問題が生じない」という結果は、経済変数に関する楽観的な前提条件に強く依存しているのです。それが満たされなければ、結果は大きく変わります。つまり、「年金は破綻しない」とアピールするために、仮空の数字で辻褄合わせをしているのです。

したがって、財政検証を無批判に受け入れるのでなく、その内容を定量的に検討することが必要です。その際の最大の問題は、何が結果に大きな影響を与える変数かを見出し、それに関する仮定を現実的なものにした場合に、結果がどのように変わるかを検討することです。

これまでの財政検証の問題点

2009年2月に公表された財政検証によれば、厚生年金の積立金は、今後100年間枯渇しないことになっています。しかし、これは、非現実的なほどに楽観的な経済前提に立脚しています。最大の問題点は、賃金上昇率が非常に高い値に仮定されていることです。この仮定を変えれば、結論は大きく変わります。実際、賃金に関する現実的な見通しを置けば、2030年度頃に厚生年金の積立金が枯渇すると予測されるのです（拙著『2040年問題』を参照）。

14年6月に「平成26年財政検証結果」が発表されました。この検証では、いくつかのマクロ経済変数についての異なる条件を置いた8通りのケースを並列的に示し、標準的なシナリオは示していません。

大きく分けると、（1）経済が順調に成長するケース（ケースA〜E）と、（2）マイナス成長となるケース（ケースF〜H）になります。所得代替率を中心に見ると、14年財政検証の結果は、つぎのとおりです。

（1）2014年に65歳を迎える世代の所得代替率は62・7%。この数値は、5年前の値より高くなっています。こうなったのは、賃金が低下する一方で、年金に関して物価下落に対する減額措置が十分に行なわれなかったからです。

（2）所得代替率は、今後は徐々に低下します。経済が順調に成長するケースでは、最悪の場合に43年度に50・6%となるものの、それ以降も50%以上は維持されます。しかし、マイナス成長となるケースでは、48年度には50％になり、それ以降は50％を割り込みます。

財政検証は所得代替率を中心に議論を行なっているため、これに対する報道や解説も主として所得代替率を中心にしています。所得代替率が低下する可能性があることは、確かに無視できない問題です。しかし、財政検証には、実はもっと重大な問題が隠されているのです。それについて、以下で検討します。

非現実的なマクロ経済想定

経済成長率と割引率の想定の齟齬が、国家百年の計を誤ったと、先に述べました。両者の齟齬は、現在の財政検証においても見られます。

２００９年財政検証においては、基本ケース（経済中位ケース）の長期の値として、名目賃金上昇率２・５％、積立金の名目運用利回り３・４～４・１％が想定されました（物価上昇率は１％）。

14年財政検証では、いくつかのケースが想定されていますが、ケースＡでは、実質経済成長率１・４％に対して、実質金利が実に３・４％という高い値です。実質賃金上昇率は２・３％です（最も悲観的なケースＨでも、実質経済成長率マイナス０・４％に対して、実質金利が

1・7%、実質賃金上昇率は0・7%です)。

実質金利がマイナスになっている現実に比べて、想定されている実質金利の絶対水準が高すぎるのが問題です。それだけでなく、金利と経済成長率の相対関係も間違っています。運用利回りが賃金上昇率よりこれほど高い値になるのは、ありえないことです。

問題は、賃金上昇率の想定にも見られます。厚生年金の保険料は、標準報酬に対する「率」で決められているので、保険料収入は、名目賃金に依存します。他方で、年金額の計算にはインフレスライドの制度が存在します。名目賃金伸び率は実質賃金伸び率とインフレ率の和ですから、実質賃金が伸びれば、保険料の伸びの方が年金支給額の伸びより高くなり、保険財政は改善されるのです。

09年財政検証の実質賃金上昇率は1・5%、14年財政検証のケースAでは2・3%です。しかし、「毎月勤労統計調査」によれば、2012年以降の実質賃金伸び率はマイナスになっています。これを考慮すれば、財政検証で想定されている実質賃金の伸び率は、現実の実質賃金の伸びに比べて、高すぎると考えざるをえません。こうして、現在の財政検証は、年金制度が抱える潜在的な問題を隠蔽するだけの結果にしかなっていません。

非現実的で無理な仮定を置くのではなく、経済的に説明のつく現実的な仮定によって計算を行なうことが必要です。そのような再検討を、早急に行なうべきです。

マクロ経済スライドとは？

現在の日本の公的年金には、「マクロ経済スライド制度」が導入されています。これは、2004年改正において導入された制度で、加入者が減少し受給者が増加することの影響を、年金額を減額することによって調整するものです。

では、これを完全に実行できれば、年金の問題はすべて解決できるのでしょうか？　以下では、マクロ経済スライドは必要ではあるが、それだけでは公的年金の問題は解決できないことを指摘します。

09年の財政検証においては、12年から38年までの26年間にマクロ経済スライドが実行されるものと仮定されました。毎年の切り下げ率は、公的年金の被保険者の減少率（およそ0・6％）と平均余命の伸びを考慮した一定率（およそ0・3％）の合計である0・9％とされました。

0・9％の切り下げを13年間行なうと、年金額は11％ほどカットされることになります。では、この制度だけで年金改革ができるでしょうか？　つぎの2つの問題が指摘されます。

第1の問題は、はたしてマクロ経済スライドを実行できるかどうかです。実は、制度は導入されたものの、15年までの10年超の期間、一度も発動されずにきたのです。

その理由は、「賃金や物価の上昇率がある程度以上の値になる場合には、そのまま適用するが、適用すると年金名目額が減少してしまう場合には、調整は年金額の伸びがゼロになるまでにとどめる」という限定化がなされていることです。したがって、賃金や物価が下落する場合、それに応じて年金額を下げますが、「賃金や物価の下げ幅以上」に年金額を下げることはないのです。

たとえば、本来はマクロ経済スライドで年金額を0・9％減少させる必要があるとしましょう。一方、賃金が上昇していれば年金額は年金計算式によって増加しますし、物価が上昇していれば既裁定年金額は物価スライド制により増加します。

いま、賃金上昇率と物価上昇率は2・5％であるとしましょう。この場合、マクロ経済スライド制がなければ、年金は2・5％増加します。しかし、これを2・5－0・9＝1・6％の増加にとどめようというのが、マクロ経済スライドです。

つぎに、賃金上昇率と物価上昇率は0％であるとしましょう。この場合、マクロ経済スライドの式を機械的に当てはめれば年金は0・9％減額されることとなります。しかし、そうしたことはせず、0％にとどめようというのが、前述の限定化の意味です。

09年の財政検証においては、賃金上昇率＝2・5％、物価上昇率＝1％と仮定されていため、限定化が機能せず、マクロ経済スライドが実施されることとして計算がなされました。14年の財政検証では、マクロ経済スライドがどの程度作用しているかを示す定量的なデータは提供されていません。

なお、15年4月分からは、マクロ経済スライドが実行されることとなりました。

保険料率の引き上げでは納付者の減少をカバーできない

では、制度どおりにマクロ経済スライドを実行すれば、問題はないでしょうか？ 細かい計算をフォローしていると、問題の本質が見えなくなります。そこで、きわめてラフな議論を行なっておきましょう。

２００９年財政検証で示された厚生年金の問題の本質は、「今後30年の間に、保険料納付者が約８割に減り、他方で受給者が約２割増える」ということです。

14年財政検証では、人口推計の違い、制度的な変更の見通しから、これらの数字は若干違います。詳しい数字が発表されていないのですが、資料で40年頃の概算を見ると、つぎのとおりです。

（１）65歳以上人口は、３９００万人であり、14年の３３００万人程度から18％増加する。

（２）労働人口は、労働参加が進む場合でも５０００万人。これは、現在の６０００万人から17％の減少。労働参加が進まなければ、4500万人程度と、現在の6000万人から25％減少する。

このように、労働参加が進めば数字は若干改善されますが、大きくは変わりません。そして、労働参加が進まない場合には、年金受給者と保険料納付者数にあまり大きな差がないような状態になります。つまり、大雑把に言えば、1人で1人を支える状態に近くなるのです。

年金制度改革として行なわれたのは、保険料引き上げとマクロ経済スライドです。前者を保険料納付者減、後者を受給者増に対応づけると、つぎのようになります。

（1）前述のように、65歳以上人口は、14年から40年にかけて18％増加します。他方で、マクロ経済スライドをフルに発動し、毎年0・9％の給付削減を経済動向と関係なく26年間続ければ、年金の実質給付額を2割削減できます。これによって、受給者の増加は吸収できます。

この方法によれば既裁定者の年金も減額されるので、世代間の公平の立場から望ましいと評価できるでしょう。ただし、この場合には、所得代替率は50％を切ります。

（2）保険料率は、14年度で17・474％であるものが引き上げられ、17年度からは18・3％になります。しかし、これでは、労働人口が17〜25％減ることの2分の1から3分の

1しかカバーできません。このように、保険料納付者が減ることは、保険料率引き上げでは解決できません。現在の財政検証は、それを高い実質賃金上昇率や高い運用利回りで糊《こ》塗《と》しているにすぎません。

世代間戦争であることが理解されていない

詳しい計算は省略しますが、シミュレーション計算を行なうと、つぎのような結果が得られます（詳細は、拙著『2040年問題』を参照）。

第1に、マクロ経済変数に関して現実的な仮定を置くと、厚生年金の積立金は2031年頃にゼロになります。そうなった場合には、年度ごとに保険料収入と国庫負担額の合計が年金給付費と等しくなるように、保険料率引き上げ、国庫負担額の引き上げ、または給付の切り下げを行なわなければならなくなります。「今後100年間にわたって50％以上の所得代替率を保証する」という「100年安心年金」は、非現実的なマクロ変数の仮定の上に立った虚構であることが認識されなければなりません。

財政破綻を回避する方法はいくつかあります。第1は、マクロ経済変数がどうなるかにかかわらず、名目年金額を減額することとなっても、マクロ経済スライドを強行することです。給付を毎年0・9％減額するマクロ経済スライドを強行し、所得代替率が50年代に

4割を切ることを甘受すれば、積立金はゼロになりません。

第2の方法は、年金支給開始年齢を引き上げることです。既裁定年金も含めて支給開始年齢を70歳に引き上げれば、40年度における年金給付額は、マクロ経済スライド強行の場合とほぼ同じになります。ただし、この2つでは、削減の時間的な推移が違います。したがって、世代によって受ける影響が異なります。

第3の方法は、実質賃金を引き上げることです。実質賃金上昇率が1・5%を上回れば、年金財政は破綻しません。ただし、これまでの日本経済の実情と比較すれば、これを実現するのは容易ではありません。このためには、第11章で論じるように、日本経済の生産性が高まらなくてはなりません。

ところで、年金改革によって受ける影響は、世代間で大きな差があります。しかし、年金制度改革の評価は、本来は世代によって大きく違うはずです。これは、世代間の戦争なのです。

それにもかかわらず、現実には「給付削減反対、負担増加反対」の声しか出てきません。これでは、年金改革を進めることはできません。

日本では、公的年金は退職後の生活を支えるものと捉えられています。しかし、現在考えられているような保険料と国庫負担率では、そうした機能を公的年金に期待することは不可能です。公的年金の本来の機能は、「長生きしすぎることに対する保険」です（つまり、生命保険と逆の機能です）。

こうしたことを考え、かつ日本の人口構造の変化を考えれば、支給開始年齢が65歳というのは見直しの余地があります。

65歳を支給開始年齢とする公的年金は、人口高齢化を考慮すれば、維持できないものです。他方において、高齢者の健康状態も向上し、働く意欲も能力も向上しています。その生活は年金で支えるのでなく、就労によって支えるべきです。その場合、定年延長のように組織に頼って就業するのでなく、フリーランサーとして働くことも可能です。実際、第11章で述べる「シェアリング・エコノミー」の進展などによって、そうした働き方が可能になりつつあります。高齢化社会の政策の基本を、高齢者の就労を促進する方向に向けて切り替えなければなりません。

第10章

日銀異次元金融緩和は
事実上の財政ファイナンス

きわめて深刻な日本の財政

この章では、日本の財政が将来に向かっていくつかの深刻な問題を抱えていることを指摘します。公債に依存する度合いが高く、これを是正するには、消費税の税率を現在よりかなり高くする必要があります。しかし、現在の消費税は、インボイス（後述）が導入されていない点で、大きな問題を抱えています。また、金利が高騰すると国債費が急増すること、国債が事実上の日銀引き受け発行になっていることを指摘します。本章では、さらに、法人税を減税しても企業の国際競争力が高まるわけではないことを指摘します。

◇◇◇◇◇◇◇◇◇◇◇◇◇◇◇◇◇◇◇◇◇◇◇◇◇◇

日本の財政構造

日本の財政は、国と地方の財政から成り立っています。税にも、国税と地方税があります。国から地方公共団体に対して、さまざまな補助金や交付金が支出されています。

国の一般会計の歳出構造は、図表10－1に示すとおりです。社会保障関係費は、歳出総額の約3分の1と、最大の比重を占めています。国債費は、総額の約4分の1です。また、地方交付税交付金等が約16％を占めています。これらで全体の約4分の3になりますが、これらの経費は、制度的に支出額が決まってしまう場合が多く、政策的裁量で削減することはきわめて困難です。

図表 10-1　一般会計の歳出（2016 年度当初予算）

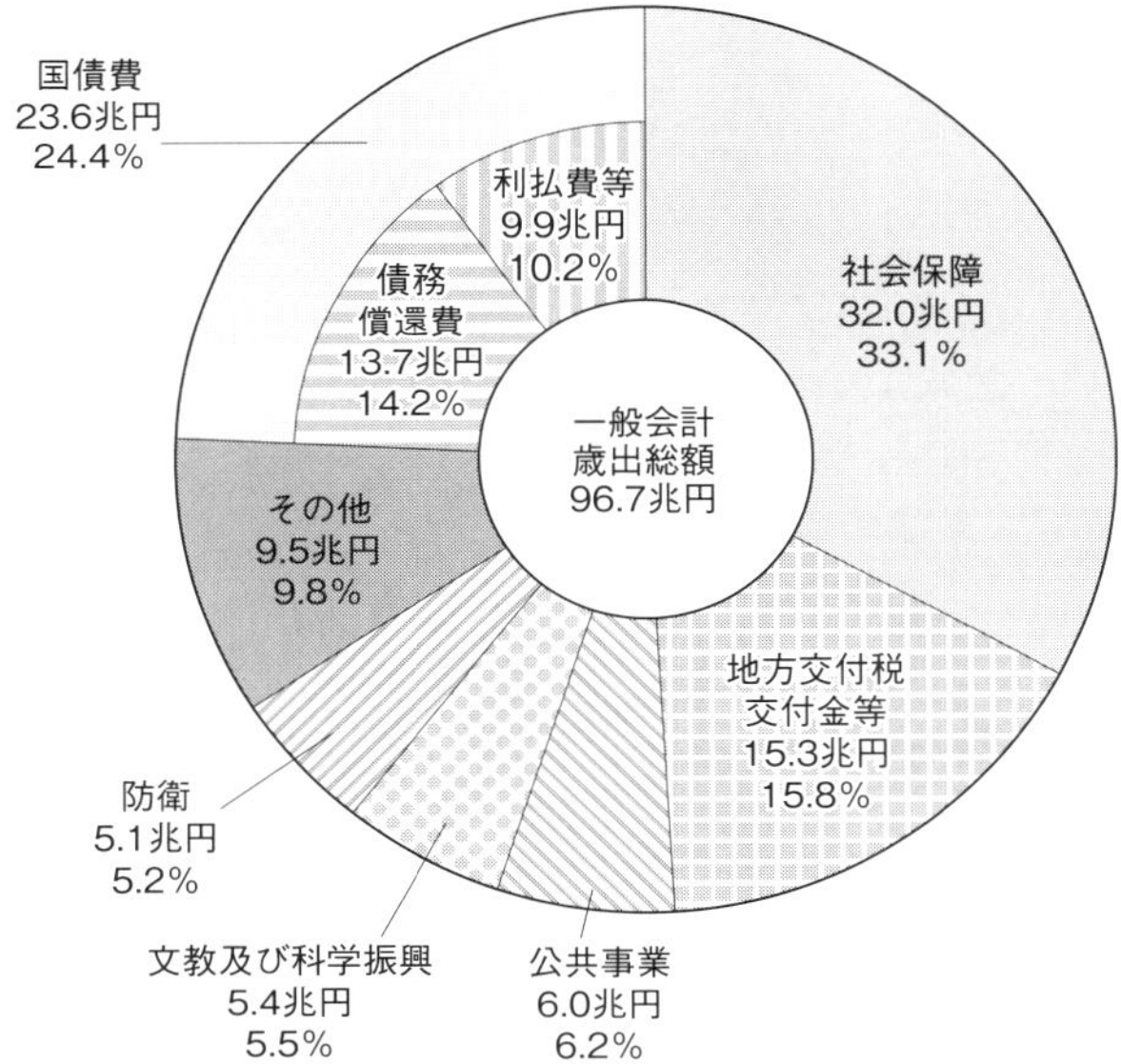

資料：財務省

１９９０年度と現在を比較すると、歳出は約30兆円増加しています。その内訳は、社会保障関係費が20兆円増えておよそ3倍になるとともに、国債残高が増えたことを反映して、国債費が増えています。

国の一般会計の歳入には、所得税、法人税、消費税の3税、その他の税収や税外収入、および公債金があります。その構成比は、図表10－2に示すとおりです。

90年度と現在を比較すると、税収が増加していない

図表 10-2　一般会計の歳入（2016 年度当初予算）

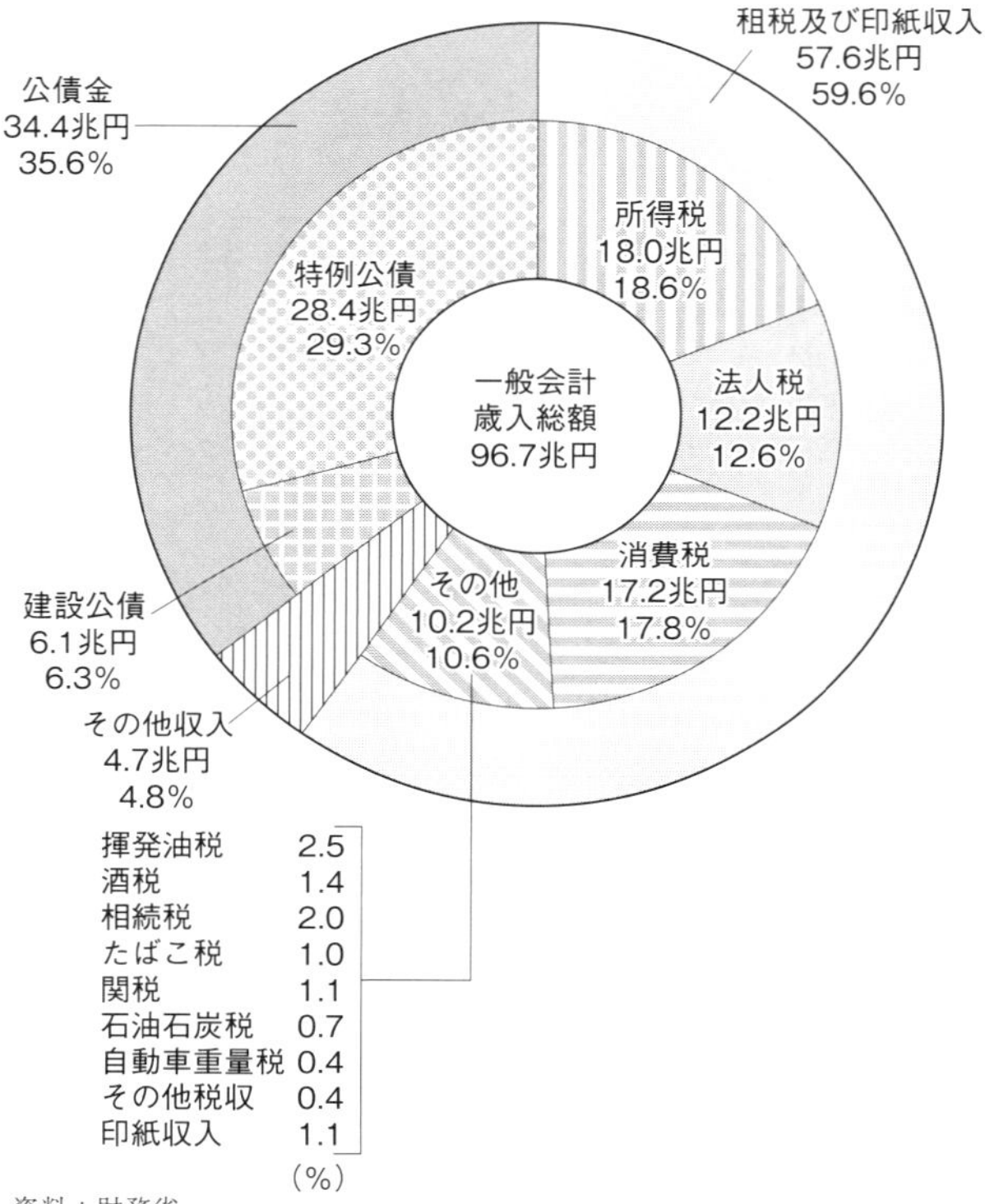

資料：財務省

図表 10-3　国税・地方税の内訳（2016 年度当初予算）

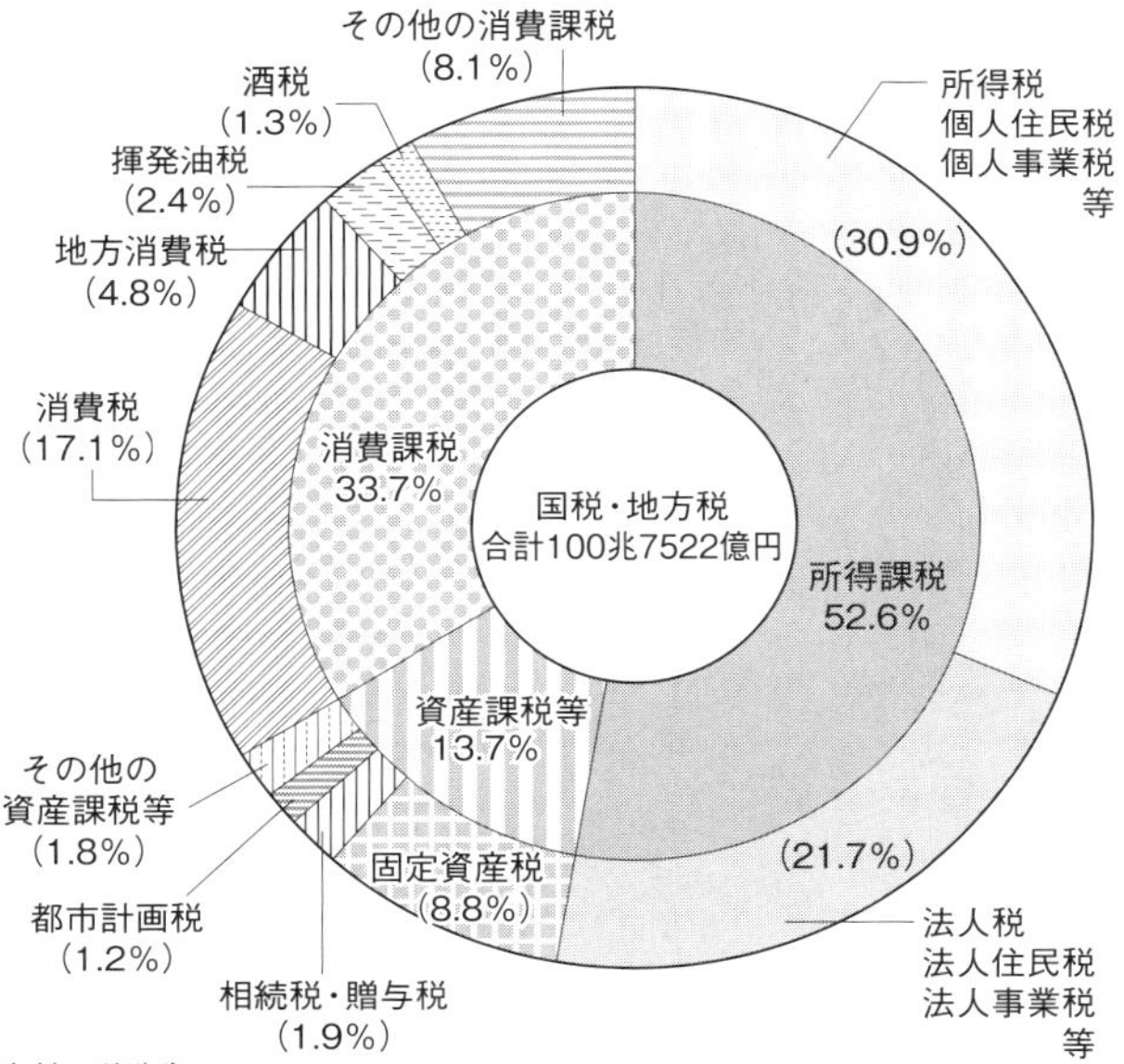

資料：財務省

のに対して、公債金が約30兆円も増加することによって、増大する支出が賄われてきました。

現在、税収や税外収入によっては歳出全体の３分の２程度しか賄えておらず、残り約３分の１は公債金に依存しています。

国税・地方税の税目別内訳を見ると、図表10－３のとおりです。所得税、住民税、法人税など「所得」に課税されるものが、全体の約半分を占めています。

また、消費税や個別間接

税など「消費」に課税されるものが、全体の約3分の1を占めています。固定資産税、相続税・贈与税など「資産」に課税されるもののウエイトは約14％と、高くありません。

先進国で最悪レベルの財政

日本の財政状況は、きわめて深刻です。

債務残高がＧＤＰの2倍を超えるなど、主要先進国と比較して最悪の状況にあります。国債残高をすべて償還するには、16年分の税収をすべてつぎ込むことが必要です。つまり、実際には国債は償還されない可能性が高いのです。

政府は、以前から、国・地方を合わせた基礎的財政収支について、（1）２０１０年度に比べ、15年度までに赤字の対ＧＤＰ比を半減する、（2）20年度までに黒字化する、（3）その後の債務残高対ＧＤＰ比を安定的に引き下げる、という財政健全化目標を掲げてきました。

ここで、「基礎的財政収支」（プライマリーバランス）とは、税収・税外収入と歳出（国債の元本返済や利払いに充てる国債費を除く）との差額です。国・地方を合わせた赤字の対国内総生産（ＧＤＰ）比は、10年度には6・6％でした。

右の目標のうち、（1）は達成されました（15・8兆円の赤字なので、15年度の名目ＧＤＰ53

2・2兆円に対する比率は3・0%)。これは、円安による企業利益の増大によって、法人税収が増えたことが大きな原因です。

しかし、(2)については、16年7月に内閣府が公表した「中長期の経済財政に関する試算」によれば、名目3%、実質2%以上の成長が実現した場合でも、20年度までに国・地方の基礎的財政収支を黒字化する目標を達成できないこととなっていました(5・5兆円の赤字)。しかし、17年1月に公表された見通しでは、年3%以上の高い名目成長が続いた場合でも、20年度に国と地方を合わせ、8・3兆円(対GDP比1・4%)の赤字になると見込まれています。

問題は、それだけではありません。仮に基礎的財政収支が均衡しても、利払いのために国債発行は続くからです。

他方で、現実には、消費税増税も一部は先送りされたままです。消費税の税率は、14年4月に8%(消費税6・3%、地方消費税1・7%)に引き上げられました。さらに、15年10月に10%(消費税7・8%、地方消費税2・2%)に引き上げられる予定でした。ところが、これを1年半先送りして、17年4月に、さらに先送りし、19年10月にすることとされました。

他方で、歳出面での根本的な財政改革には、ほとんど手がつけられていません。つまり、現在の日本にとって最も重要で、本来なら最大の争点となるべき問題について、政治は機能していないのです。

ＥＵ加盟条件を満たすには、消費税率27％が必要

現実の問題として重要なのは、基礎的財政収支というよりは、国債発行額や残高です。なぜなら、国債発行額や残高が多すぎると経済活動に支障をきたしますし、残高が大きければ、金利が上昇したとき、国債の利払い費が増加するからです。

そこで、国債発行額やその残高を適正なレベルに維持する必要があります。その際に一つの目安となるのは、ＥＵ（欧州連合）の規定です。ＥＵは、加盟の条件として、「単年度の財政赤字（新規国債発行額）がＧＤＰの３％を超えてはならず、債務残高がＧＤＰの60％を超えてはならない」としています。

日本の場合、債務残高の対ＧＤＰ比についてＥＵ規定を達成するのは、きわめて難しい課題です。ここでは、単年度赤字に関する条件を目的としましょう。これを消費税の増税だけで行なうとすれば、どの程度の増税が必要でしょうか？

３％の税率引き上げによる国の増収は、平年度で６・３５兆円（税率１％で２・１２兆円）と推計されています。これは２０１４年度の数字ですが、「中長期の経済財政に関する試算」を参考として計算すると、20年度においては、１％で２・３８兆円となります。

ただし、増収分のすべてを公債減額に用いることはできません。なぜなら、消費税率が10％の場合の国税分は税率7・8％に相当するものですが、そのうちの1・52％に相当する額（つまり、一般会計税収の19・5％）を地方交付税に充てるからです。したがって、消費税率1％増による税収のうち赤字削減に充てうるのは、最大2・38×（7・8－1・52）÷7・8＝1・92兆円です。

他方で、「中長期の経済財政に関する試算」（参考ケース）において20年度の赤字額の対GDP比を3％にするには、赤字を33兆円も削減しなければなりません。これは、消費税率17・2％に相当します。つまり、試算で想定している税率10％に17・2％を上乗せし、消費税の税率を27・2％にしなければならないのです。

これは、経済的観点から言えば、不可能というわけではないにしても、きわめて困難な課題です。しかも、これは、税収がかなり順調に伸び、歳出増をほぼ自然増のみに抑えられる場合のものです。また、長期金利が暴騰しないことを前提としています。これらの仮定が満たされなければ、事態はもっと厳しくなります。

消費税の構造を合理化する必要

消費税の税率を今後も高める必要があるのであれば、消費税の構造を高税率に対応した合理的なものにする必要性があります。

まず第1に、軽減税率の問題があります。税率が10％を超えるようになれば、この問題を避けて通ることはできません。

2015年の秋には、軽減税率の導入をめぐって議論が行なわれました。この問題は、税率引き上げ再延期によって宙に浮いた形になってしまったのですが、税率引き上げは中止されたわけではないので、依然として重要な問題です。

第2に、消費税の基本構造の問題があります。これは、税率引き上げの有無いかんによらず議論されなければならない問題です。

その中心的課題は、インボイスの導入です。インボイスは、ヨーロッパ型付加価値税の基幹的な構成要素です。その機能は、流通の次段階への税額転嫁を確実にすることです。この制度があるために、ヨーロッパの付加価値税は近代的な税となり得たのです。これについて、次項で説明します。

インボイスとは

ＥＵ諸国などで導入されている付加価値税は、流通の各段階で取引のたびに課税します。これによる税の累積を避けるため、前段階で課税された消費税を控除します。これを

「前段階税額控除」と呼びます。仕入れに含まれている消費税を控除することなので、「仕入税額控除」と呼ぶこともあります。

前段階税額控除は、取引事業者間でやりとりされる「インボイス」によって行なわれます。これは、取引対象である商品ごとに、取引内容、税率、税額、取引金額などの法定事項を記載した書類です。インボイスに基づかずに前段階税額控除を行なうと、税務調査があった場合に否認されます。

「インボイスは金券のようなものだ」と考えると、この仕組みが理解しやすいでしょう。課税による仕入価格の上昇は、それと同額の金券を得られるために、完全に打ち消されます。つまり消費税がかかっていない商品を仕入れるのと同じことになるわけです。

そして、自分の段階での付加価値を加えた額に消費税率をかけて算出される消費税額を納付します。これによって、その段階における付加価値に課税されることとなります。

この制度の下では、財やサービスに対する消費税率は、最終段階の税率で決まります。したがって、最終段階の税率を軽減税率とすれば、それによって軽減税率が実現されるわけです。

日本の消費税での前段階控除

日本の消費税では、前段階税額控除は「帳簿および請求書等」で行なうことになっています。

その計算方法は、大まかに言えば、「仕入れに含まれている消費税額を帳簿や請求書等から算出し、これを売り上げに係る消費税額から控除する」ということです。このため、課税仕入れの事実を記録した帳簿および請求書等を保存しなければならないとされています。

以上が本則ですが、日本の消費税では、つぎのような特例的制度があります。

第1は、「免税業者制度」です。年間売上高が1000万円以下の零細事業者は、消費税の納税義務を課されません。つまり消費税制度の外に置かれています。

第2は、「簡易課税制度」です。消費税における前段階の税額控除は仕入れ額から計算することとされていますが、年間売上高が5000万円以下の業者については、売上高に係る消費税額にみなし仕入れ率を乗じることによって仕入れ控除税額を算出してもよいこととされています。簡易課税の場合には、実際に仕入れ先に支払った消費税額よりも控除額のほうが大きくなってしまうことがありえます。これが、「益税」と呼ばれる現象です。

第3は、「非課税制度」です。いくつかの財やサービスの取引については、消費税が課されておらず、消費税制度の外に置かれています。この対象としては、第1に金融取引に関するものがあります。第2に社会政策的観点から非課税とされるもの、たとえば社会保障診療、借家の家賃等があります。非課税の場合、前段階の税は控除できないため、課税の累積が発生します。

なお、輸出については、ゼロ税率の消費税が課されるという扱いになっています。これは特例措置というよりは、間接税の国境税調整措置として、全世界で共通に行なわれている措置です。この場合には、前段階の税は控除できます。

日本の請求書等保存方式とヨーロッパのインボイス方式の決定的な違いは、つぎの点です。インボイス方式では、免税事業者はインボイスを発行することができません。他方、日本では、免税事業者も請求書を発行することができます。仕入れ側も、免税事業者から仕入れた商品に関して仕入れ税額控除を行なえます。「前段階で納税していないのにもかかわらず控除する」というのは、誠に奇妙な仕組みです。このため、インボイス方式に転換すると、免税事業者が市場から排除されることになります。

日本の消費税は欠陥税

日本の消費税にはインボイスがないため、さまざまの不都合な事態が起きています。

最も大きな問題は、実際の税負担が業者間の力関係で大きく変わることです。零細業者は次段階への転嫁ができず、税が業者の負担となってしまうことがあるのです。このために免税や簡易課税の制度が導入されているのですが、そうすると、業者に益税が発生する場合が生じます。こうして、消費税の負担は、実際にはかなりゆがんだ形になっているのです。

日本の消費税はヨーロッパの付加価値税をモデルにしているといわれますが、その実態は、似て非なるものと言わざるをえません。

１９８９年に消費税が導入されたとき、その税率はわずか３％でした。したがって、税構造に欠陥があったとしても、それほど大きな問題ではないとされました。

その後、税率が５％、８％と引き上げられましたが、関心は税率を引き上げて税収を上げることであり、税構造の合理化は先送りにされました。消費税の基本構造には、ほとんど手が付けられていなかったのです。

このような日本の消費税制の不完全さが、２０１５年秋に、軽減税率の導入に関連して露呈したのです。軽減税率を導入するのであれば、インボイスの導入は当然のことであり、議論の余地はありません。

金利が高騰すれば、さまざまな面で大きな問題が発生する

日本財政の将来に大きな影響を与えうるのは、金利の動向です。金利が高騰すれば、国債の利払い費が急増します。公債残高の対GDP比は、GDP成長率と金利がどのように推移するかによって、大きく変わります。

「中長期の経済財政に関する試算」において、2020年度頃までに公債残高の対GDP比が低下する結果となるのは、それまでの時点で名目金利が低く仮定されており、また名目GDP成長率が名目金利より高く仮定されているからです。これらの仮定が満たされなければ、結果は大きく異なります。

現時点では日本銀行による大量の国債購入によって、金利が不自然なほど低い水準に抑えられています。しかし、こうした状態はいつまでも続けられるものではありません。前記「試算」の「経済再生ケース」では、名目長期金利は、21年に3％を超え、23年からは4％を超えます。長期金利がこのように上昇すれば、財政収支以外でも、さまざまな面で大きな問題が発生します。

まず、金融機関が保有する国債には、膨大な評価損が発生するでしょう。日銀は異次元金融緩和によって巨額の国債を購入し保有していますが、ここでも巨額の損失が発生します。それは、日銀納付金（注）の減少を通じて、国民負担になります。日本の財政と経済は、この点に関して大きなリスクを抱えているのです。

（注）日本銀行が得た利益（経費や税などを支払った後の当期剰余金）から配当や準備金を差し引いた残りは、国庫に納付されます。これを国庫納付金あるいは日銀納付金と言います。２０１５年度における納付金は、３９０５億円です。

日本は財政ファイナンスの道を歩んでいる

第8章、第9章で述べたように、未曾有の高齢化が進んでいるため、社会保障費が増加しています。その大部分が、税でなく国債によって賄われる状態が、すでに15年以上続いています。その結果、国債残高が累増しました。一般会計が発行する国債の残高は、税収16年分という巨額のものです。

国債残高が増えれば、民間が消化しきれなくなり、金利が高騰するはずです。しかし、現実にはそうしたことは生じていません。それは、日本銀行が著しい勢いで国債を買い上げているからです。

その結果、「政府プラス日本銀行」が民間セクターに対して保有する負債は、「国債」という形から「日銀当座預金」という形に急速に変わっています。国債を民間セクターが持っていれば、償還期限が来たとき、政府は財源を調達して、国債を償還する必要がありま す。しかし、日銀当座預金であれば、そうする必要はありません。政府は、増税したり歳出削減をしたりする必要から、実は解放されつつあるのです。

この操作は、「財政ファイナンス」と呼ばれます（これは、「国債の貨幣化」とも呼ばれます。ただし、現在の日本では、国債は日銀当座預金に変わっただけで、まだ貨幣にはなっていません）。

では、どの程度の国債がそのように処理されたのでしょうか？

日銀や金融機関の保有国債の推移を見ると、つぎのとおりです。２００９年12月から13年12月までの期間を見ると、全体としての国債残高は１４８・３兆円増えました（以下で「国債残高」とは、日本銀行の資金循環統計における国債・財融債の残高を指します）。

しかし、預金取り扱い機関（ほぼ「銀行」に一致する）が保有する国債残高は、わずか16・1兆円しか増えませんでした。これは、日銀の国債保有残高が93・4兆円も増加したからです。つまり、国債残高増加の過半は、日銀保有国債の増加で吸収されたのです。

日銀の国債購入は、異次元金融緩和によって、顕著に増加しました。13年3月から12月までの期間を見ると、日銀保有国債残高の増加額は、49・7兆円に及びます。この間の全体としての国債残高増加は19・5兆円ですから、それを約30兆円も上回る購入を行なったわけです。

他方で、預金取り扱い機関の国債残高は、13年3月をピークとして減少しています。13年3月から12月までに27兆円ほど減少しました。全体としての国債残高は増加しているのだから、これは異常な現象です。貸し出し需要が乏しい中で、国債は銀行にとって重要な資金運用対象です。それが減少しているのですから、価格は高くなり、利回りが低下するのは当然です。

日本銀行による国債購入自体は、異次元緩和前から行なわれていました。ただし、購入対象は、残存期間が短い国債に限られていました。これは、つぎの2つの意味を持っていました。

第1に、銀行は購入した国債をある程度の期間保有してから日銀に売却していました。ところが、異次元緩和政策によって、残存期間の長い国債も売却できることとされました。これによって、いわば「右から左に」売却できるようになったのです。つまり、長期の国債であっても、引き受けて後、直ちに日銀に売却できるようになったのです。これは、日銀引き受けの国債発行を禁止する財政法第5条の脱法行為と考えざるをえません。

第2に、日銀が購入した国債が滞留してしまいます。01年から開始された量的緩和において、日銀保有国債は増加しましたが、06年に量的緩和策が停止されると、短期間で減少しました。これは、日銀が保有していた国債の残存期間が短かったため、短期間のうちにそれらが償還されたためです。

しかし、保有している国債の残存期間が長いと、そうしたことにはなりません。これは、緩和政策の出口に関して問題を提起します。

仮に市場で売却しようとすれば、市場価格を暴落させる危険があるからです。暴落しなくても、日銀が売却損をこうむる可能性が高くなります。

現在は異常に金利が低い、つまり、異常に高い価格で購入しています。したがって、将来売却する場合には、購入価格より市場価格が低くなっている可能性が高いのです。

現在は、金利がきわめて低い水準に抑えられているため、一見したところ、何も問題は起こっていないように見えます。しかし、この状態は、いつまでも続けることができない不自然なものです。

日銀当座預金は、支払い要求があれば支払う必要があります。それに対処するのに、日銀は紙幣を刷るしかありません。つまり、国債の貨幣化にはまだ至っていないが、潜在的には貨幣になっているのです。

この道が行き着く先がインフレであることは、歴史が示すところです。昔と違うのは、外国への資本逃避によって、これが加速される危険があることです。

「日銀が国債を買い上げたので、日本の財政赤字の問題は解決された」と言われることがあるのですが、とんでもないことです。

問題は「隠された」だけなのです。日銀が買い上げてしまった場合にどのような問題が起こるのかが分かりにくいため、問題がなくなったような錯覚に陥るだけです。

実際には、以上で述べたような深刻な問題があります。だからこそ、財政法第5条は、日銀引き受けでの国債発行を禁じているのです。日本はいま、財政法第5条の脱法行為によって、財政ファイナンスに突き進みつつあります。

本当に必要なのは、社会保障制度の見直しによって歳出の増加をコントロールすることと、他方で生産性の高い産業を作って経済力を高め、それによって税収を上げることです。日本が抱えている問題を解決する手段は、この2つしかありません。

法人税率引き下げが企業競争力を向上させることはない

法人税の実効税率が、2015年度と16年度の2年間で3・29％引き下げられました。15年度において32・11％に引き下げ、16年度で31・33％に引き下げます（なお、14年6月の閣議で、法人税率等を引き下げることにより、「数年で20％台にする」と決定しています。14年度の実効税率は34・62％です）。実効税率とは、国税である法人税と、地方税のうちの事業税や法人住民税などを合計した負担率です。

法人税率引き下げが企業の競争力を向上させるという考えは、法人税が企業活動のコストだという誤解に基づいています。法人税は利益にかかる税なので、企業活動のコストにはなりません（「コスト」とは、利益を算出するまでに、収入から差し引く経費のことです）。したがって法人税率を変更しても、企業活動には影響しません。

企業は、市場で決まる製品価格、原材料価格、賃金などを所与として、利益が最大になるように生産計画を立てます。この決定に法人税率は影響しません。売上高から原材料費や賃金などを差し引いて結果的に決まるのが利益です。これに法人税が課され、税引き後の利益は配当か内部留保になります。したがって、法人税率が引き下げられれば、配当や内部留保は増えます。しかし、賃金や投資に影響することはありません。

法人税率の引き下げが賃金などを増大させるとの議論は、「税引き後利益を、配当や賃金などに山分けする」との考え、あるいは、「法人税が企業にとってのコストになっている」との考えに基づくのでしょう。これは、右に述べた企業行動の基本を知らないための、重大な誤解です。

法人税率の変更が企業競争力に影響を与えないことは、現実のデータを見ても明らかです。日本の法人税率は１９８０年代には40％を超えていましたが、80年代の後半から税率の引き下げが行なわれました。２０１２年には、それまでの30％から25・５％に引き下げられました。しかし、こうした引き下げが日本企業の競争力を高めることにはなりませんでした。

なお、日本の法人税等の実効税率は諸外国に比べて高いと言われます。しかし、実効税率は、分母に課税所得をとっています。課税所得には受取配当が含まれないことや、繰越欠損金で縮小すること等を考えると、実効税率は、企業の実際の負担率（企業会計上の利益に対する税負担率）よりは高い数字になっています。

このことは、データでも確かめられます。法人企業統計で資本金1億円以上の法人（金融業、保険業を除く全産業）の法人税等（法人税、事業税、住民税の合計）は、13年度において11・8兆円であり、税引き前純利益41・3兆円の28・6％でしかありません。13年度の実効税率は37％とされていたことと比べると、かなり低いことが分かります。

なお、以上で述べたことは外国でも同じ事情ですが、課税所得の計算は国によって異なるので、実効税率の国際比較は簡単にはできません。

企業の競争力に影響するのは社会保険料

年金保険と健康保険の保険料の事業主負担分は、企業にとってコストとなり、したがって企業競争力に影響します。

しかも、社会保険料雇用主負担の総額は、きわめて大きくなっています。国立社会保障・人口問題研究所の推計によると、２０１１年度の総額は29・0兆円です。これは、11

年度における法人税等（法人税、住民税および事業税）15・1兆円の倍近くです。

1990年度においては、両者はほぼ同額でした。しかし、90年代を通じて、事業主負担が増加する半面で、法人税率の引き下げ等によって、法人税等は減少したのです。その後2007年度頃までは、社会保険料負担が頭打ちになる半面で法人税収が増加したので、両者の差は縮小しました。しかし、リーマンショック後に法人税収が激減したため、再び差が開くこととなりました。

社会保険料は、ほぼ賃金に比例してかかるので、企業にとっては、賃金が上昇したのと同じことになります。保険料率が上昇すれば人件費が増加するため、企業は雇用を減らそうとします。これを製品価格に転嫁すれば製品価格が上昇し、日本企業の国際競争力が低下します。したがって、社会保険料の雇用主負担は、日本企業の競争力を大きく阻害していると思われます。そして、生産拠点の海外移転を促進させる原因にもなっています。

また、国内雇用で非正規雇用が増える大きな原因も、社会保険料負担だと思われます。従来の制度では、労働時間が正規職員の4分の3未満であれば、厚生年金と企業健保に加入する義務がなかったため、非正規雇用にして事業主負担を回避するインセンティブが働いたからです（ただし、16年4月から、強制加入の条件が強化されたので、非正規雇用であっても負担が生じます）。

日本企業の競争力と公的負担の関係を問題とするのであれば、まず対象とすべきは、社会保険料であり、その背後にある社会保障制度です。この改革をなおざりにして法人税率の引き下げを行なうのは、まったくバランスを欠いた政策です。

ただし、社会保険料の引き下げのためには、大きな改革が必要です。第8章、第9章で述べたように、年金給付水準や医療給付の引き下げ、または自己負担率の引き上げなどが必要だからです。企業負担軽減のために本当に必要なのは、法人税の引き下げではなく、社会保障制度の合理化です。

第11章

新しい技術で生産性を高める

どうすれば成長を実現できるか？

日本経済が現在の状況から脱却するには、技術の開発が最も重要な課題です。しかし、日本は、新しいタイプの技術である情報関連技術については、得意でありません。それは、アメリカや中国に誕生している新しいタイプの企業が、日本には生まれていないことからも見て取れます。成長のために政府がなすべき最も重要な課題は、新しい技術の利用を可能にするような規制緩和です。

◇◇◇◇◇◇◇◇◇◇◇◇◇◇◇◇◇◇◇

金融緩和でなく、技術開発が必要

これまでの章で述べてきたように、物価と賃金の下落は、基本的には、新興工業国との競争によって生じているものです。

日本経済の不調は、景気循環的なものではありません。したがって、金融政策で対処できるものではありません。実際、１９９９年のゼロ金利政策、２００１年以降の量的緩和政策、そして13年以降の異次元金融緩和政策と、次々に金融緩和政策を行なったにもかかわらず、日本経済の不調は継続しています。

そこから脱却するには、企業のビジネスモデルを転換し、新興国とは直接に競合しない分野に進出することが必要です。製造業であれば、製品の企画段階や販売段階に集中し、実際の生産は新興国の労働を活用して行なうべきです。さらに、日本の産業構造を根本から転換し、脱工業化をはかることが必要です。

しかし、こうした転換には、大きな摩擦が伴います。これまでのビジネスモデルや産業構造をなんとか維持したいという圧力が働くからです。こうして、産業構造の転換がいつになっても実現しません。第5章で述べた「デフレスパイラル論」は、そうした怠慢を正当化するための理屈に他なりません。「物価や賃金の下落は原因はデフレだ」として、現実から目をそらしたいのです。

これこそが、日本経済を20年以上の期間にわたって停滞させた基本的な原因です。日本は、いまこそ、こうした考えから目覚める必要があります。

経済構造の改革は、きわめて困難な課題であるばかりでなく、取り組んでも目先の情勢に即時的な効果を及ぼすことはできません。このため、「とにかく目の前の緊急課題が優先だ」として、これまで日本は円安に依存してきたのです。

こうしたその場しのぎの弥縫《びほう》策が行き着いた先が、現在の状況です。われわれは今、日本経済の置かれた状況を直視し、目先の状況を変えることではなく、基本的な構造の改革を考えなければなりません。「金融緩和や円安で景気回復すればよい」という考えがある限り、日本に未来はありません。

生産性の高い新しい産業が登場するのでない限り、どんな施策をとっても、持続的な成長に結び付くことはないでしょう。

技術革新力で日本は16位

日本は技術立国だと言われてきました。では、その実態はどのようなものでしょうか？世界知的所有権機関（WIPO）が2016年の8月に発表した世界128ヵ国・地域の技術革新力に関する調査報告書によると、日本は16位でした（図表11－1）。1位はスイスで、スウェーデン、イギリス、アメリカがそれに続いています。アジアでは、6位にシンガポール、11位に韓国が入っています。

これと類似のランキングとして、スイス・ローザンヌの国際経営開発研究所（IMD）が作成する「世界競争力ランキング」があります。これは、180ヵ国・地域を対象にした産業競争力の比較です。16年の9月に公表された16～17年版では、日本は、8位となりました（図表11－2）。このランキングの首位は、スイスでした。以下、シンガポール、アメリカと続きます。ランキングが初めて作られたのは、1989年でした。そのとき、日本は首位で、アメリカは3位でした。アメリカの順位はあまり変わらないのですが、日本の順位は大きく変わったのです。

図表11-1　世界知的所有権機関（WIPO）の「技術革新力ランキング」

順位	国名
1	スイス（1）
2	スウェーデン（3）
3	イギリス（2）
4	アメリカ合衆国（5）
5	フィンランド（6）
6	シンガポール（7）
7	アイルランド（8）
8	デンマーク（10）
9	オランダ（4）
10	ドイツ（12）
11	韓国（14）
12	ルクセンブルク（9）
13	アイスランド（13）
14	香港（11）
15	カナダ（16）
16	日本（19）
17	ニュージーランド（15）
18	フランス（21）
19	オーストラリア（17）
20	オーストリア（18）
21	イスラエル（22）
22	ノルウェイ（20）
23	ベルギー（25）
24	エストニア（23）
25	中国（29）

注：（　）内は2015年の順位

図表 11-2　国際経営開発研究所（IMD）の「世界競争力ランキング」

順位	国名
1	スイス（1）
2	シンガポール（2）
3	米国（3）
4	オランダ（5）
5	ドイツ（4）
6	スウェーデン（9）
7	イギリス（10）
8	日本（6）
9	香港（7）
10	フィンランド（8）

注：（　）内は 2015〜2016 年の順位

競争力を評価する基準が変わった

日本人の多くは、右で述べてきたランキングに、違和感を覚えるでしょう。ことに、「どちらのランキングでもシンガポールが日本より上」というのは、日本人の感覚では、なかなか理解できません。

証券取引所で日本がシンガポールに抜かれたことは日本でも多くの人が認めるでしょうが、技術で後れを取っていると考えている人はあまりいません。

こう考える理由は、日本人の評価の基礎に、「自動車産業、製鉄業、高速鉄道などがない国は、産業国家と言えない。一流の産業国とは、それに加えて飛行機や宇宙ロケットを生産できる国」との考えがあるからです。この基準に照らして言えば、シンガポールは論外です。

しかし、実は、自動車産業や製鉄業があることが問題なのです。ランキングの上位には、このどちらも持たない国が多いのです。

第2章で述べたように、1990年代に、世界は大きく変化しました。技術の性格が変わり、IT（情報通信技術）が重要になったのです。製鉄や電機製造は、新興国でもできる活動になってしまいました。この大変化に、日本はついていけなかったのです。

自動車は、現在のところ、新興国より先進国が強いのですが、やがて逆転するでしょう。こうした世界では、従来の製造業の多くを新興国に移し、先進国はより付加価値の高い活動に専念することが必要になります。

これまで述べてきたランキングの上位国は、そうした対応に成功した国です。ランキングは、いま突然変わったのではなく、しばらく前からこうした状況になっています。

それに加え、大学が新しい技術に対応した人材を養成していないという事情がありま す。日本の工学部が養成しているのは、依然として古いタイプのエンジニアなのです。

先進国が高度なサービス業を中心に成長する中で、日本は立ち遅れています。政府の成長戦略に見られる製造業復活路線を捨て、サービス業の生産性を高めることが急務です。

日本の場合には、製造業が製造部門を切り離して新興国企業に委託し、自らは開発・設計などに特化していくことが考えられます。世界的な水平分業の中で、「製造業のサービス産業化」を目指すのです。

新しい技術進歩をリードする企業が日本にない

右に述べたように、問題は、日本が強いのは古いタイプの技術であり、情報技術において弱いことです。

このことは、経済をリードする企業を見ると明らかです。

2016年の秋頃まで、アメリカ企業の時価総額ランキングで、5位まではすべてIT関係の企業でした（大統領選の結果ドナルド・トランプ氏が勝利し、金融、エネルギー関係の企業の株価が上昇したため、順位が若干変わりました）。

これらの企業を総称するのに、「GAFA」という言葉がしばしば使われます。これは、グーグル、アップル、フェイスブック、アマゾンのことです（中国のアリババを加えて、GAFAAと呼ばれることもあります）。

これらの企業は、新しい情報技術をもとにした新しいビジネスモデルを開発したことによって、従来の企業を乗り越えました。そして、従来の企業が担当していた分野を塗り替えています。

アップルは製造業ではあるのですが、iPhoneという新しい製品を開発し、世界的水平分業という新しい生産方式を確立することによって、新しい製造業のビジネスモデルを切り開きました。

グーグルは、広告収入によって支えられているという意味では広告業ですが、検索連動広告という新しい広告方式を用いることによって、従来の広告代理店とはまったく異なるビジネスモデルを確立しました。フェイスブックも新しいタイプの広告業です。SNS（ソーシャル・ネットワーキング・サービス）という新しい方式で個人情報を集め、それをもとに広告を行なっています。アマゾンは、流通業ですが、ウェブショップであり、従来の流通業とはまったく異なるビジネスを行なっています。

これらの企業のほとんどが、20年前には存在しなかったか、零細企業でした。従来の企業とは異なる企業文化を持ち、イノベーションを先導したのです。これらは、IT革命の勝者です。過去20〜30年程度の期間のアメリカ経済の成長は、こうした企業の成長に支えられてきました。

さらに、これらの企業は、豊富なビッグデータを手に入れられる世界で数少ない企業です。AI（人工知能）はビッグデータを用いることから、ビッグデータを取得できる企業が、そのデータを活用することによって未来を開くと考えられます。

アメリカの学生の就職での人気企業も、しばらく前から、伝統的な大企業ではなく、G

AFAに代表されるようなハイテク企業に移っています。

日本にこうした企業が登場しなかったことが、「失われた20年」の基本的な原因です。日本でこれらの企業と類似のものは、楽天、ソフトバンク程度しかありません。

先進国の命運を決めたのは、このような流れに対応して産業構造を情報分野中心に切り替えられたか、それとも製造業に執着したかです。切り替えられたのがアメリカ、イギリス、アイルランドなどであり、切り替えられなかったのが、日本とヨーロッパ大陸の諸国です。

ユニコーン企業も日本にない

GAFA企業は、これまでの技術革新をリードしてきました。しかし、このグループの企業はすでに巨大化し、マーケットを支配しています。これまでのような技術革新がこのグループから引き続き出てくるかどうかは、疑問です。

実は、世界は、GAFAの時代からさらに先の、ユニコーン企業の時代に進みつつあります。「ユニコーン企業」とは、未公開で時価総額が10億ドルを超える企業です（空想上の一角獣のように、「あり得ない企業」という意味で、こう呼んでいます）。

その例としては、Uber（ウーバー）があります。これは、スマートフォンを用いて、いつでもどこでも簡単にタクシーを呼ぶことができる配車アプリです。株式はまだ公開されていませんが、その企業価値は約６兆円と推計されています。この額は、日本の代表的な運輸企業の日本航空や全日空やＪＲ東日本を凌ぎます。日本でUberより高い時価総額を持つ企業は十数社しかありません。

もう一つ、Airbnb（エアビーアンドビー）があります。これは、民泊を仲介するスマートフォンのアプリです。時価総額は３兆円を超え、世界最大のホテルチェーンであるヒルトン・ワールドワイドを約３割上回ります。登録物件数が２３０万件あり、これは、ヒルトン、マリオット・インターナショナル、インターコンチネンタル・ホテルズ・グループの３大ホテルチェーンの客室数の合計を上回っています。

また、フィンテックと呼ばれる分野が急成長しています。これは、ＩＴを金融業務に活用する新しい技術です。この分野で最大の企業であるPayPalの時価総額は約６兆円であり、みずほホールディングスとほぼ同規模です。この他にも、時価総額の高い企業がいくつも現れています。

これらの企業がこれからの社会を変えていくでしょう。

ユニコーン企業の多くはアメリカ企業ですが、最近では中国にもＩＴを駆使して斬新なサービスを提供する企業が続々と生まれています。

ユニコーン企業についていくつかのリストが作られています。フォーチュンが作成するリストによって国別に見ると、アメリカ１００社、中国36社、インド7社、イギリス7社、ドイツ5社、シンガポール3社、韓国2社、フランス１社などとなっています。しかし、日本はゼロです。

分野別に見ると、今後の技術革新がどのような分野で起こるかを探ることができます。ウォール・ストリート・ジャーナルでは、全産業で１４９社を挙げていますが、そのリストを分野別に見ると、ソフトウエア、消費者向けインターネット、eコマース、金融、ヘルスケアの分野で、全体の約83％を占めています。このように、ユニコーンによる技術革新は、ＧＡＦＡによるのとほぼ同じ方向であることが分かります。

つまり、将来に向かって引き続き重要なのは、日本が弱い分野なのです。

規制が新しい技術の利用を妨げる

ユニコーン企業が日本に生まれない大きな原因は、規制緩和が進んでいないことです。Uberが成長したのは、アメリカのいくつかの州では、「白タク」が営業できるようになったためです。Uberのサイトに登録しておけば、一般ドライバーでも客を乗せて走れるようになったのです。これによって、移動手段に変革がもたらされました。しかし、日本では白タクは法律違反となるため、Uberのサービスは成長できません。Airbnbについても、同様の問題があります。民泊は日本では旅館業法に触れます。規制は徐々に緩和されつつはありますが、決して十分ではありません。

金融業界に技術革新をもたらすフィンテックを日本に導入しようとすると、壁はさらに高くなります。銀行はきわめて強い産業であり、スタートアップ企業が簡単に新しい金融サービスを提供できるわけではないからです。

政府が打ち出す成長戦略には、決まり文句のように「規制緩和」が明記されています。しかし、規制緩和と言われるものの多くは表面的なものであり、既得権者の利益を覆すようなものではありません。

社会を変えるためには、新しいサービスや新しい事業主体が必要だということを、国民が認識しなければなりません。そうでなければ、規制の仕組みは、いつまで経っても今のままで変わりません。逆に言えば、これらが変われば、日本経済は大きく変わる可能性を秘めています。

新しい産業は、市場における競争を通じて誕生することに注意しましょう。さまざまな試みがなされ、生き残ったものが日本経済の主力産業になるのです。

政府は、産業構造再編の過程に介入すべきではありません。政府がなすべきは、規制緩和を通じて、市場の競争メカニズムを発揮させることです。

日本経済再活性化の原動力は、地方の創意工夫であるべき

安倍晋三内閣は、「地方創生」を打ち出し、「地方活性化を経済政策の最優先目標にする」としています。しかし、これに対する地方の反応を見ると、「私の町にも国がさまざまの施設を造ってほしい」という類いのものが多く見受けられます。「地方振興とは、国が地方に補助金を支出したり、地方で公共事業を行なうことだ」と考えている人が、いまだに多いのです。

そもそも「地方活性化」とは、中央政府が行なうことではありません。地方が行なうことです。「地方振興」とは、「国が何かをやってくれるのを待つこと」ではありません。地方の人々が工夫し、努力することです。これを実現するために必要なのは、地域のやる気と、何をやるかというアイディアです。

日本経済を再活性化する原動力も、政府の成長戦略ではなく、地方の創意工夫であるべきです。

1990年代にアメリカ経済を再活性化したIT革命は、連邦政府があるワシントンから遠く離れたカリフォルニアで起こりました。それは、政府の支援で実現したことでは

ありません。ベンチャー企業が、ガレージで新しい事業を立ち上げて実現したのです。

日本でも、江戸時代にコメの先物取引という先端的な金融活動が行なわれましたが、これも、幕府の指導や助成で生まれたのではなく、幕府の統制に対抗する形で生まれたのです。つまり、本来は地方が発展をリードするのであって、国が地方を助けるのではありません。

現在は首都圏に一極集中している高度サービス産業を地方に分散させることは、70年代までの通信技術では、困難でした。なぜなら、通信コストが高かったため、経済中心地から物理的距離が遠い地域では、高度サービス産業の活動を行なうことが難しかったからです。しかし、インターネットによって通信コストが著しく低下したため、高度サービス産業のかなりの部分を、距離に関係なく、行なえるようになりました。リゾート地でもできるし、僻地《へきち》でもできます。

世界的に見れば、そのような変化は、すでに90年代に生じています。ヨーロッパ大陸に対するIT関連サービスを、アイルランドから行なうようになり、それまでヨーロッパの最貧国であったアイルランドが高度成長したのです。従来の産業では地理的な条件が不利だった国が、それまでの産業国を追い抜いたのです。

おわりに

本書では、日本経済のさまざまな側面について見てきました。しかし、国内の事情だけを見ていても、日本経済を正しく理解することはできません。

なぜなら、日本経済は世界経済の中で活動しており、世界経済の動向に大きく影響を受けるからです。ほとんどの経済活動は、国内だけでは完結しないのです。

世界の各国・地域は、密接に結びついています。結びつきの形として昔からあるものは、貿易です。もちろんそれは現在でも重要ですが、国内経済と世界経済の結びつきは、貿易だけではありません。

１９８０年代以降の大きな変化として、資本の国際移動が自由になり、その結果、巨額の資金が国境を超えて日々やり取りされるようになったことが挙げられます。

企業は、海外に生産拠点や営業拠点を設けて活動を行なっています。そのために、海外投資を行ないます。また、外国の国債や株式に対する投資も活発に行なわれています。海外からの投資もあります。

そして、これらによって引き起こされる国際間の資金の流れによって、為替レートが大きく変動します。第6章で見たように、それが日本経済に大きな影響を与えます。また、モノや資金だけでなく、国際的な人の流れも増加しました。

本書においても、世界経済が随所に顔を出しました。90年代以降に世界経済が大きく変貌したこと（第2章）。その大きな変化に、日本の産業構造が適切に対応していないこと（第2章）。その結果、日本経済の位置も大きく異なるものになったこと。例えば、1人当たりGDPで見た場合に、日本の地位が下がっていること（第1章）。

貿易立国が難しくなっていること（第2章）。日本の消費者物価は、輸入物価によってほとんど決定されてしまうこと（第5章）。人口の高齢化によって労働人口が将来激減すると予測されているにもかかわらず、移民の受け入れに消極的であること（第7章）、などです。

世界経済は、将来に向けて、成長と変動を続けています。具体的には、つぎのような問題があります。

中国経済は、どのような問題を抱え、今後の成長率はどのようになるのか？ 中国経済の拡大に、日本はどう対処したらよいのか？ トランプ政権によってアメリカ経済は、どのように変わるのか？ シリコンバレーは、新しい情報技術を生み続けるか？ イギリスのEU脱退後のヨーロッパは、分裂に向かうのか？ ユーロ危機は再発するか？ 新興国の経済はどうなるか？ 原油価格はどうなるか？ 等々です。

これらの問題は、日本経済に重大な影響を与えます。したがって、日本経済の将来を考えるとき、こうした問題を無視するわけにはいきません。

ただし、海外の状況は、我々が日常的に見聞きするものではないため、なかなか正確に把握することができません。それに、世界経済といっても、具体的な姿や問題は、国や地域によって非常に大きな差があります。

このため、世界が大きく変わったのに、日本がそれに取り残されるといったことが起こります。現在の日本の状況は、まさにそのようなものです。

また、日本の若い人々が、海外に進出せず、内向きになって国内に閉じこもる状況が強まっていることも否定できません。こうした動向を打破するためにも、世界経済の動向を正しく理解することが必要です。

本書で十分に論じることができなかったこうした問題については、本書の続編『世界経済入門』で論じる予定です。

図表索引

【さ行】

索引

講談社現代新書　2416

日《に》本《ほん》経《けい》済《ざい》入《にゅう》門《もん》

二〇一七年三月二〇日　第一刷発行　二〇一八年一一月二〇日　第五刷発行

著　者　野《の》口《ぐち》悠《ゆ》紀《き》雄《お》　

発行者　渡瀬昌彦

発行所　株式会社講談社

東京都文京区音羽二丁目一二―二一　郵便番号一一二―八〇〇一

電　話　〇三―五三九五―三五二一　編集（現代新書）

〇三―五三九五―四四一五　販売

〇三―五三九五―三六一五　業務

装幀者　中島英樹

印刷所　慶昌堂印刷株式会社

製本所　株式会社国宝社

定価はカバーに表示してあります　Printed in Japan

N.D.C.330　236p　18cm

ISBN978-4-06-288416-7

「講談社現代新書」の刊行にあたって

教養は万人が身をもって養い創造すべきものであって、一部の専門家の占有物として、ただ一方的に人々の手もとに配布され伝達されうるものではありません。

しかし、不幸にしてわが国の現状では、教養の重要な養いとなるべき書物は、ほとんど講壇からの天下りや単なる解説に終始し、知識技術を真剣に希求する青少年・学生・一般民衆の根本的な疑問や興味は、けっして十分に答えられ、解きほぐされ、手引きされることがありません。万人の内奥から発した真正の教養への芽ばえが、こうして放置され、むなしく滅びさる運命にゆだねられているのです。

このことは、中・高校だけで教育をおわる人々の成長をはばんでいるだけでなく、大学に進んだり、インテリと目されたりする人々の精神力の健康さえもむしばみ、わが国の文化の実質をまことに脆弱なものにしています。単なる博識以上の根強い思索力・判断力、および確かな技術にささえられた教養を必要とする日本の将来にとって、これは真剣に憂慮されなければならない事態であるといわなければなりません。

わたしたちの「講談社現代新書」は、この事態の克服を意図して計画されたものです。これによってわたしたちは、講壇からの天下りでもなく、単なる解説書でもない、もっぱら万人の魂に生ずる初発的かつ根本的な問題をとらえ、掘り起こし、手引きし、しかも最新の知識への展望を万人に確立させる書物を、新しく世の中に送り出したいと念願しています。

わたしたちは、創業以来民衆を対象とする啓蒙の仕事に専心してきた講談社にとって、これこそもっともふさわしい課題であり、伝統ある出版社としての義務でもあると考えているのです。

一九六四年四月　野間省一

政治・社会

1145 冤罪はこうして作られる　小田中聰樹
1201 情報操作のトリック　川上和久
1488 日本の公安警察——青木理
1540 戦争を記憶する——藤原帰一
1742 教育と国家——高橋哲哉
1965 創価学会の研究——玉野和志
1969 若者のための政治マニュアル——山口二郎
1977 天皇陛下の全仕事——山本雅人
1978 思考停止社会——郷原信郎
1985 日米同盟の正体——孫崎享
2053 〈中東〉の考え方——酒井啓子
2059 消費税のカラクリ——斎藤貴男
2068 財政危機と社会保障——鈴木亘
2073 リスクに背を向ける日本人　山岸俊男　メアリー・C・ブリントン
2079 認知症と長寿社会——信濃毎日新聞取材班
2110 原発報道とメディア——武田徹
2112 原発社会からの離脱　宮台真司　飯田哲也
2115 国力とは何か——中野剛志
2117 未曾有と想定外——畑村洋太郎
2123 中国社会の見えない掟　加藤隆則
2130 ケインズとハイエク　松原隆一郎
2135 弱者の居場所がない社会　阿部彩
2138 超高齢社会の基礎知識　鈴木隆雄
2149 不愉快な現実——孫崎享
2152 鉄道と国家——小牟田哲彦
2176 JAL再建の真実——町田徹
2181 日本を滅ぼす消費税増税——菊池英博
2183 死刑と正義——森炎
2186 民法はおもしろい——池田真朗
2197 「反日」中国の真実——加藤隆則
2203 ビッグデータの覇者たち——海部美知
2232 やさしさをまとった殲滅の時代　堀井憲一郎
2246 愛と暴力の戦後とその後——赤坂真理
2247 国際メディア情報戦——高木徹
2276 ジャーナリズムの現場から　大鹿靖明 編著
2294 安倍官邸の正体——田﨑史郎
2295 福島第一原発事故 7つの謎　NHKスペシャル『メルトダウン』取材班
2297 ニッポンの裁判——瀬木比呂志

経済・ビジネス

350 経済学はむずかしくない〈第2版〉——都留重人
1596 失敗を生かす仕事術 畑村洋太郎
1624 企業を高めるブランド戦略——田中洋
1641 ゼロからわかる経済の基本——野口旭
1656 コーチングの技術——菅原裕子
1695 世界を制した中小企業 黒崎誠
1926 不機嫌な職場——高橋克徳 河合太介 永田稔 渡部幹
1992 経済成長という病——平川克美
1997 日本の雇用——大久保幸夫
2010 日本銀行は信用できるか 岩田規久男
2016 職場は感情で変わる 高橋克徳
2036 決算書はここだけ読め!——前川修満

2061 「いい会社」とは何か 小野泉 古野庸一
2064 決算書はここだけ読め! キャッシュ・フロー計算書編 前川修満
2078 電子マネー革命——伊藤亜紀
2087 財界の正体——川北隆雄
2091 デフレと超円高——岩田規久男
2125 ビジネスマンのための「行動観察」入門 松波晴人
2128 日本経済の奇妙な常識 吉本佳生
2148 経済成長神話の終わり アンドリュー・J・サター 中村起子 訳
2151 勝つための経営——畑村洋太郎 吉川良三
2163 空洞化のウソ——松島大輔
2171 経済学の犯罪——佐伯啓思
2174 二つの「競争」——井上義朗
2178 経済学の思考法——小島寛之

2184 中国共産党の経済政策 柴田聡 長谷川貴弘
2205 日本の景気は賃金が決める 吉本佳生
2218 会社を変える分析の力 河本薫
2229 ビジネスをつくる仕事 小林敬幸
2235 20代のための「キャリア」と「仕事」入門——塩野誠
2236 部長の資格——米田巖
2240 会社を変える会議の力 杉野幹人
2242 孤独な日銀——白川浩道
2252 銀行問題の核心——江上剛 郷原信郎
2261 変わった世界 変わらない日本——野口悠紀雄
2267 「失敗」の経済政策史 川北隆雄
2300 世界に冠たる中小企業 黒崎誠
2303 「タレント」の時代——酒井崇男